Thailand

kulinarisch entdecken

Thailand

kulinarisch entdecken

Fotos von Alan Benson
Texte von Lulu Grimes
Rezepte von Oi Cheepchaiissara

h.f.ullmann

INHALT

KULINARISCHE ENTDECKUNGEN IN THAILAND

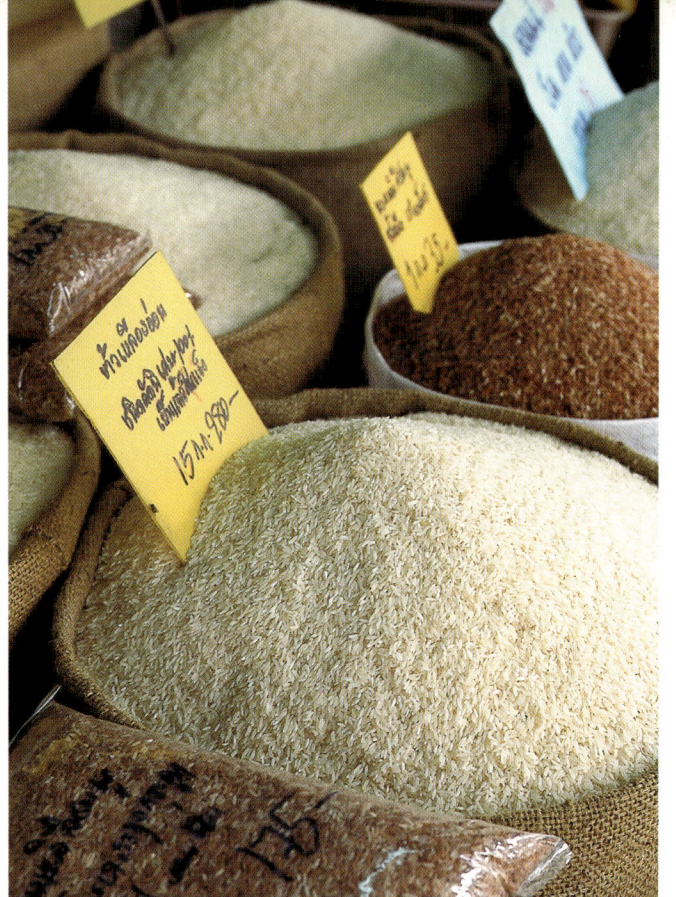

Thailand
kulinarisch entdecken

THAILAND WAR JAHRHUNDERTELANG STATION FÜR HÄNDLER AUF IHREN REISEN ZWISCHEN SÜDOST-ASIEN, INDIEN, CHINA UND DEM REST DER WELT UND HAT DIE EINFLÜSSE AUS ANDEREN LÄNDERN GE-SCHICKT IN DIE EIGENE, TYPISCHE KÜCHE AUFGE-NOMMEN, OHNE DIE HEIMISCHE KULTUR ZU STÖREN.

Obwohl durch Thailand immer schon Handelswege führten, wurde es im Gegensatz zu anderen asiatischen Ländern nie von einer europäischen Kolonialmacht beherrscht. Das ge-heimnisvolle, exotische Siam, wie Thailand früher genannt wurde, konnte die Besucher aus Europa verzaubern und ver-ändern, aber auch abweisen. Die Nachbarn ließen sich weni-ger leicht abwehren; regelmäßig kam es zu Invasionen, vor allem aus Burma. Trotzdem spiegelt sich Thailands religiöses (buddhistisches) und kulturelles Erbe ebenso wie die Vielfalt der heimischen Zutaten in der traditionellen Küche wider. Der Buddhismus durchdringt alle Bereiche des Lebens. Die meisten Männer verbringen in ihrer Jugend mindestens drei Monate als Mönch und werden, wie alle Mönche, aus Re-spekt von den anderen Mitgliedern ihrer Gemeinde verpflegt. Essen und Religion gehören also zusammen.

Die Grundlagen der Thai-Küche sind uralt und wurden Jahr-hundertelang in der königlichen Hofküche überliefert, aber auch durch viele Einflüsse von außen ergänzt. Trotz der riesi-gen Unterschiede im Wohlstand sind die grundlegenden Zu-taten und Rezepte, ebenso wie die Zubereitungsarten, auch heute noch auf dem Land ähnlich wie am Hof. Die Präsen-tation mit Kunsthandwerk und auch die höhere Qualität der Zutaten bei Hofe erhoben die königliche Küche über die des gemeinen Volkes. In den Palästen wurde viel Aufwand be-trieben, um kulinarische Fähigkeiten und Kenntnisse weiter-zugeben und den eigenen guten Ruf zu erhalten.

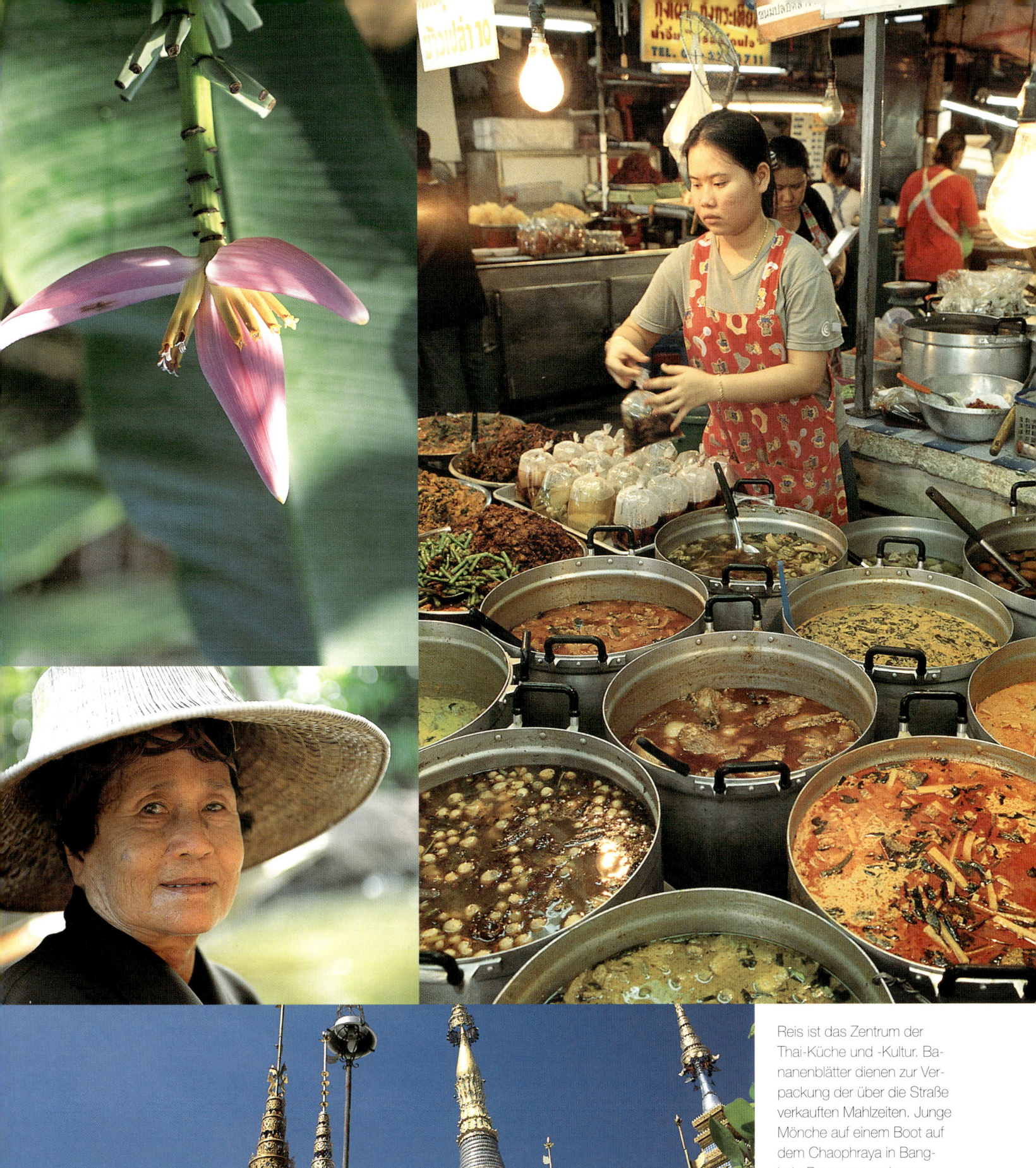

Reis ist das Zentrum der Thai-Küche und -Kultur. Bananenblätter dienen zur Verpackung der über die Straße verkauften Mahlzeiten. Junge Mönche auf einem Boot auf dem Chaophraya in Bangkok. Bananen wachsen überall. Köstliche Speisen werden auf den Nachtmärkten verkauft. Eine Frau mit einem traditionellen Hut. Die reich verzierte Architektur von Wat Saen Fan in Chiang Mai.

Getrocknete Meeresfrüchte sind eine beliebte Zutat. Die Fische werden in Gewässern um Phang-nga gefangen. Frische Früchte wie Rambutans oder grüne Mangos werden ganz oder, wie die konservierte Lotoswurzel, fertig zum Verzehr verkauft. Der Wai, der traditionelle Gruß, hier als Logo. Zucker, Chilis in Essig, Chilisauce und Fischsauce sind Würzzutaten. Kräuter sind sehr wichtige Gewürze.

EINFLÜSSE

Kulinarische Ideen drangen über die durchlässigen Grenzen von Malaysia, Laos, Kambodscha und Burma nach Thailand vor. China hat ebenfalls Spuren in der Thai-Küche hinterlassen, am stärksten in der Nähe der Grenzen. Die Gerichte an den Ufern des Mekong erinnern an Laos, Kambodscha und Vietnam. In der Umgebung von Chiang Mai sind burmesisch angehauchte Gerichte, an der malaysischen Grenze muslimische Gerichte wie Massaman und Roti verbreitet.

Der wichtigste Beitrag zur Thai-Küche kam aber nicht aus Asien, sondern über Europa aus Südamerika. Im 16. Jahrhundert brachten die Portugiesen eine Pflanze mit, die sich zum Erkennungszeichen der Thai-Küche entwickeln sollte: die Chili. Wie viele andere traditionelle Küchen, die die Chili begeistert übernahmen, hatte auch die Thai-Küche bereits scharfe Zutaten wie frische grüne Pfefferkörner, getrocknete weiße Pfefferkörner und Galgant. Seit einigen Jahrhunderten werden außerdem fremde *(farang)* Gemüse und Früchte wie Tomaten, Auberginen, Spargel, Möhren (so genannte orange lange Rüben), Zuckerschoten und Mais gern kultiviert.

SO ISST MAN IN THAILAND

Mit Ausnahme von Snacks wie Nudeln, Salat aus grüner Papaya oder einer einzelnen Portion Curry auf Reis ist das Essen in Thailand meist zum Teilen gedacht. Die Portionen werden auf Platten serviert und sind für mindestens zwei Personen bestimmt. Alles, was auf den Tisch kommt, ist eine Beilage zum Reis, dem wichtigsten Bestandteil der Mahlzeit. Im Allgemeinen wird der Reis mit einem Curry, einem Fischgericht, etwas Pfannengerührtem, einem Salat, einer Suppe und Gemüse aufgetragen. Alle Gerichte werden gleichzeitig serviert. Im Gegensatz zur europäischen Tradition werden Suppen hier zur Mahlzeit gegessen, nicht vorher. Der Gastgeber sagt: *Kin khao,* »Esst Reis!« Die Speisen müssen nicht unbedingt dampfend heiß sein.

TISCHSITTEN

In Thailand wird mit Löffel und Gabel gegessen; dabei benutzt man die Gabel, um das Essen auf den Löffel zu schieben oder um Fleischstücke oder Obstscheiben aufzunehmen. Mit Stäbchen isst man nur Nudeln; Klebreis und die dazugehörigen Beilagen werden mit der rechten Hand aufgenommen. Hier weitere Feinheiten der Etikette: Die Platten mit den Speisen bleiben immer auf dem Tisch stehen; es gilt nicht als unfein, sich über den Tisch zu strecken, und jemand, der näher an dem gewünschten Gericht sitzt, wird immer gerne etwas davon austeilen. Von jedem Gericht sollte man nur ein paar Löffel auf einmal nehmen, da alles Beilage zum Reis ist.

ESSEN IM NORDOSTEN

Der Nordosten oder Isaan besteht zum größten Teil aus einem Hochplateau, das von den Phu-Phan-Bergen geteilt wird. Weitere Gebirge trennen die Region vom übrigen Land ab. Der kulinarische Einfluss von Laos und Kambodscha war hier sehr stark, die Küchentraditionen überschneiden sich sehr. Der Mekong bildet die Grenze zu diesen beiden Ländern und dient seit Jahrhunderten als wichtigster Handelsweg.

Aus Nordostthailand stammt vermutlich der erste Reis. Heute wird er auf dem größten Teil des Plateaus gepflanzt, leider ist der Regen hier weniger zuverlässig, sodass auch der Ertrag unterschiedlich ausfällt. Auf dem Land wird Klebreis bevorzugt, in der Stadt Langkornreis. Dass diese Gegend ärmer ist, macht sich auch in der Küche bemerkbar. Reis ist Grundnahrungsmittel, die Beilagen werden in kleinen Mengen, aber sehr scharf gewürzt gereicht. Unfermentierte Fischsauce und Chilis sind die wichtigsten Gewürze. Eingemachtes und Konserven sind ebenfalls ein Zeichen für die unzuverlässige Nahrungsversorgung und geben dem Reis außerdem mehr Geschmack als in ursprünglichem, frischem Zustand.

Kaiyang oder *Kaping,* gegrilltes Huhn, gibt es überall, oft wird es an der Straße verkauft. Die Haut des Huhns wird mit Knoblauch, Fischsauce, Korianderwurzel oder Zitronengras und schwarzem Pfeffer eingerieben. Dann wird das Huhn flach gedrückt und auf einen Bambusspieß gesteckt, über Holzkohle gegrillt und mit einem Chilidip serviert. Aus Huhn bereitet man auch *Laap* zu, eine Art Hackfleischsalat mit Limonensaft, Fischsauce, Zitronengras, Chilis oder Chilipulver und *Khao khua pon,* gebackenem Reis. Ente, Fisch und Büffel werden auch für *Laap* verwendet; *Neu naam tok,* gegrillte Rindfleischstreifen, werden zu ähnlichen Salaten verarbeitet.

Somtam, ein Salat mit grüner Papaya, Chilis, Erdnüssen, Kirschtomaten und getrockneten Garnelen ist beliebt. Die einzelnen Portionen werden mit der Hand zusammengedrückt und mit Klebreis gegessen. Werden noch eingelegte Krebse dazugegeben, wird *Somtam* zu einem eher laotischen Gericht. Es gibt scharfe und saure Suppen, *Tom* genannt, oder würzige, die *Sukii* heißen. *Sukii* werden in Dampftöpfen serviert und alle tauchen ihre eigenen Zutaten ein. Ganz im Süden wird auch Kokosmilch in die Suppen gegeben.

Insekten und Frösche sind sehr beliebt, rote Ameisen werden als Säuerungsmittel zu manchen Gerichten gegeben. Es gibt viele Süßwasserfische, der Mekong ist berühmt für riesige Welse, besonders im April und Mai.

Gebratenes Huhn ist ein beliebtes Essen. Gekochte Frösche und Insekten werden im Norden gegessen. Sonnenuntergang über dem Mekong mit Thailand am anderen Ufer. Rikschas sind viel benutzte Transportmittel in Udon Thani. Gern gegessene Snacks sind frisch zubereiteter Bambussprossensalat, grüner Papayasalat und Klebreis auf Bananenblättern.

11

Marktstände gibt es überall in Thailand: Gebratenes Gemüse appetitlich ausgelegt auf einem Bananenblatt, geschnittenes Obst in Plastiktüten, fertiges Naamphrik auf dem Warorot-Markt in Chiang Mai. Arbeiter in den Reisfeldern bei Chiang Rai. Eine typische Kopfbedeckung des Akha-Stammes. In den Hügeln bei Mae Salong im Norden des Landes wird Mais angebaut.

ESSEN IM NORDEN

Nordthailand grenzt im Westen an Burma, im Osten an Laos und hebt sich mit einem traditionell starken Regionalbewusstsein deutlich von Süd- und Mittelthailand ab. Die Bergvölker bewirtschaften die Mittelgebirge und bauen Mais und Reis an. Die Familien arbeiten im Kollektiv und helfen einander bei der Pflanzung und bei der Ernte. Durch das kühlere Gebirgsklima gedeihen in dieser Region viele europäische Obstarten: Pfirsiche, Äpfel und Erdbeeren neben Litschis. Auch nicht heimische Gemüse wie Spargel und Zuckerschoten werden angebaut.

Stärker als alle anderen Gerichte der Region zeigen die nordthailändischen Currys Einflüsse aus Burma. Sie werden ohne Kokosmilch zubereitet, sind besonders feurig und eher dünnflüssig. *Gaeng hong lae,* Schweinefleisch-Curry aus Chiang Mai, ist das bekannteste Gericht. *Namprik,* Chilidips, werden ebenfalls gern gegessen und mit gekochtem oder rohem Gemüse und knusprig frittierter Speckschwarte serviert.

Schweinefleisch ist in dieser Region sehr beliebt. Es wird in seiner natürlichen Form oder als Wurst gegessen. *Naem maw,* fermentierte Wurst aus Speckschwarte und Klebreis, isst man ebenso gern wie *Sai ua,* leuchtend rote Würste aus Schweinefleisch und Chili. In Salaten wird auch eine Art Frankfurter Würstchen verwendet – nur eine der vielen Spuren, die die Anwesenheit amerikanischer Soldaten während des Vietnamkriegs in der Küche hinterlassen hat.

Kao niaw, Klebreis, ist die bevorzugte Reisart; er wird zu Gerichten wie *Naam phrik, Som tam* oder Pomelosalat und zu *Gaeng hong lae* gegessen. Viele Gerichte werden mit Klebreis serviert, den es fertig gekocht in Bananenblättern oder in Plastiktüten auf dem Markt zu kaufen gibt.

Nudeln sind vor allem bei den Chinesen (aus Shan und Yunnan) und Burmesen sehr beliebt. *Khao sawy,* flache Eiernudeln mit Curry, eine Spezialität aus Chiang Mai, werden von Nudelverkäufern aus Yunnan in der Nähe von Moscheen angeboten. *Khanom jiin* und *Kuaytiaw* (verschiedene Reisnudelarten) isst man ebenfalls gern. *Wun sen,* Glasnudeln, verwendet man für Salate und Suppen, aber auch als Füllung.

Formelle Mahlzeiten werden in kleinen Schüsseln auf einer *Kao niaw,* einer Teakplatte, serviert. Diese alte Art des Servierens ist heute wieder populär. Eine weitere Spezialität der Region sind Insekten: Frittierte Bambuswürmer, Wasserkäfer und verschiedene andere Insekten.

ESSEN IN ZENTRALTHAILAND UND BANGKOK

Zentralthailand erstreckt sich vom Isthmus von Kra bis hinauf zu den Ebenen nördlich von Bangkok. Im Osten erreicht es die kambodschanische Grenze, im Westen die burmesische. Ein großer Teil dieser Region, die von vielen Flüssen durchzogen wird, gilt als Reisschale Thailands. Ein Kanalnetz dient als Transportweg und trägt ebenfalls zur Bewässerung bei. Reisfelder bedecken den größten Teil der Region, aber auch Obst, Zuckerrohr, Mais, Erdnüsse und Taro werden im großen Stil angebaut.

Zwar hat die Region fast keinen Zugang zum Meer, doch die Wasserwege liefern die verschiedensten Süßwasserfische, Garnelen und Krebse. Krebse und Fische leben auch in den Reisfeldern, ebenso wie Frösche und Wasserkäfer, die wie Huhn, Schwein und Rind eine Rolle in der Küche spielen. Hier werden viele Gemüse kultiviert, darunter die beliebte Thai-Aubergine, *Chaom* (ein bitteres Blattgemüse, das an einen Farn erinnert), Bambussprossen und Spargelbohnen sowie europäische Gemüse wie Tomaten. An den Ufern der Wasserwege werden außerdem *Pakk boog* (Wasserspinat) und Lotossprossen angebaut.

Die Küche von Zentralthailand gilt allgemein als die klassische thailändische und enthält die Gerichte, die am ehesten als thailändisch erkannt werden. Es gibt roten und grünen Curry und *Phanaeng.* An Suppen gibt es *Tom khaa kai, Tom yam* und *Kaeng jeut* (milde Suppe), *Yam* (Salate) sind ebenso beliebt wie Pfannengerührtes. Gerichte mit chinesischem Einschlag sind zum Beispiel solche aus dem Tontopf, verschiedene Nudelgerichte ebenso wie Schmortöpfe mit chinesischen Gewürzen. Auch *Sukii* nach Art des japanischen Sukiyaki ist im Angebot.

Die Gewürze sind klassisch und sorgen für die typische Kombination aus scharf, sauer, salzig und süß. Durch die Verwendung von Palmzucker schmecken viele Rezepte süßer als die entsprechenden Gerichte aus dem Süden. Si Racha am Golf von Thailand ist berühmt für seine Chilisauce, die als Würzsauce auf fast jedem Tisch steht.

Bangkok oder Krung Thep, wie die Stadt in Thailand abgekürzt wird, ist das moderne Zentrum der königlichen Küche. 1960 ließ König Bhumibol die Kochbücher des Hofes für jedermann öffnen. Restaurants, die sich auf die höfische Küche spezialisieren, sind der beste Ort, solche Köstlichkeiten zu probieren.

Frische Reisnudeln werden
auf dem Aw Taw Kaw-Markt
in Bangkok verkauft. Ein
Mädchen schaut neugierig
in die Kamera. Ein riesiger
goldener Buddha beherrscht
die Szenerie an der Straße
nach Khorat. Aus dem
Gemüseangebot auf dem
Aw Taw Kaw-Markt. Die
hektische Hauptstadt
Bangkok als Kontrast zu
dem Fortkommen per Boot
in den ruhigen Klongs von
Damnoen Saduak.

15

Im Strandcafé gibt es
frischen Fisch. Palmen
wachsen entlang der Stra-
ßen und Wasserwege.
Fischer in langen Booten bei
Phang-nga. Kokosnüsse
sind im Süden überall: Noch
grün am Baum, werden sie
geknackt, um an das Fleisch
zu kommen und jung wegen
ihrer Milch gekauft. Zitronengras gehört zu den wichtigsten Gewürzen. Fisch auf
dem Fischmarkt in Ranong.

ESSEN IM SÜDEN

Die vierzehn Provinzen, die die Region zwischen dem Isthmus von Kra (der schmalsten Stelle Thailands) und der malaysischen Grenze bilden, unterscheiden sich in kultureller Hinsicht vom Rest des Landes. Wie ein Teil von Malaysia gehörten sie in antiker Zeit zum indonesischen Sriwijaya-Reich, sodass die malaiisch-indonesische Kultur und Religion im Lebensstil und der Sprache des Südens noch immer sehr gegenwärtig ist.

In den Provinzen direkt an der malaysischen Grenze leben viele Muslime, meist an der Küste und auf den umliegenden Inseln, als Fischer. Im Landesinneren bewirtschaften buddhistische Thais die Felder, eine chinesische Minderheit lebt und arbeitet vor allem in den Städten.

Meeresfrüchte und Fisch sind die wichtigsten Zutaten im Süden; sie werden von allen vertretenen Kulturen und Religionen akzeptiert. Die beiden langen Küsten sorgen dafür, dass sie reichlich und frisch verfügbar sind. Sie werden auf Holzkohle gegrillt, für Pfannengerührtes und Currys verwendet und häufiger durch Trocknen haltbar gemacht. Entlang vieler Küstenstraßen stehen die Gestelle, an denen Tintenfisch und Cotton Fisch trocknen. Die einheimische Garnelenpaste und Fischsauce werden in großen Mengen verwendet.

Der Süden ist auch das Land der Palmen. Kokos- und Ölpalmen wachsen in Plantagen, aber auch wild. Weiter oben am Isthmus werden Zuckerpalmen wegen ihres süßen Saftes kultiviert. In Phuket gibt es zahlreiche Ananasplantagen. Wo immer es sich ermöglichen lässt, wird Reis angebaut.

Es gibt drei kulinarische Hauptrichtungen. (Buddhistische) Thai-Currys und Suppen werden oft mit Kokosmilch verfeinert und gedämpft. Als Gewürze kommen Kurkuma und Pfeffer hinzu, auch mit Chilis geht man großzügig um. »Gelbe« Currys sind sehr beliebt. In der muslimischen Küche verwendet man eher Ghee und Öl. Dazu gehört eine große Auswahl aromatischer Gewürze wie Kardamom, Kreuzkümmel und Nelken. *Kaeng Mussaman,* ein Curry nach indischer Art, schmeckt im Süden am besten. Indo-malaiische Gerichte wie Sateh werden ebenso gegessen wie das indische Roti. Zu den Gerichten mit chinesischem Einfluss gehören *Khanom jin* (chinesische Reisnudeln), gegrilltes Fleisch, verschiedene frittierte Snacks, gedämpfte Teigbällchen und Klöße.

In Cafés gibt es *Kopi* (Filterkaffee), der mit *Khao yam* (gekochtem Reis, gerösteter Kokosnuss, Limettenblättern, Bohnensprossen und Zitronengras) morgens serviert wird.

SNACKS & KLEINE IMBISSE

GEBACKENE FISCHKUCHEN MIT GRÜNEN BOHNEN

FISCHKUCHEN IST EINER DER VIELEN KÖSTLICHEN SNACKS, DIE IN THAILAND AN DER STRASSE
VERKAUFT WERDEN. IN GRÖSSEREN MENGEN AUF BESTELLUNG GEBACKEN, WERDEN SIE IN PLASTIK-
TÜTEN VERKAUFT; DAZU GIBT ES EINEN BAMBUSSPIESS UND EINE KLEINE TÜTE WÜRZIGER SAUCE.

450 g festes weißes Fischfilet
1 EL rote Currypaste (Seite 276)
   oder fertig gekaufte Paste
1 EL Fischsauce
1 Ei
50 g Spargelbohnen, in dünne
   Scheiben geschnitten
5 Kaffirlimettenblätter, fein gehackt
Erdnussöl zum Frittieren
süße Chilisauce (Seite 284)
   zum Servieren
Gurkenrelish (Seite 287)
   zum Servieren

ERGIBT 30 Stück

DEN Fisch von Haut und Gräten befreien und grob
hacken. Im Mixer glatt pürieren. Currypaste, Fischsauce und das Ei zugeben und nochmal glatt
pürieren. In eine Schüssel geben und mit den
Bohnen und Limettenblättern mischen. Mit nassen
Händen dünne, flache Kuchen von etwa 5 cm
Durchmesser aus der Fischmasse formen; dazu
wird jeweils etwa 1 EL Teig gebraucht.

IM Wok oder einer tiefen Pfanne 5 cm Öl bei
mittlerer Hitze erhitzen. Wenn das Öl heiß genug
erscheint, etwas Fischkuchen hineinfallen lassen.
Wenn es sofort zischt, ist das Öl heiß genug.

FÜNF oder sechs Fischkuchen in das Öl geben
und frittieren, bis sie auf beiden Seiten goldbraun
und sehr luftig sind. Mit einem Schaumlöffel
herausnehmen und auf Küchenpapier abtropfen
lassen. Die fertigen Fischkuchen warm halten, bis
der Rest frittiert ist. Heiß mit süßer Chilisauce und
Gurkenrelish servieren.

ALS Variation noch einmal das Rezept für die
Fischkuchen herstellen und dabei die Currypaste
weglassen. Wie oben zubereiten und mit den
anderen Fischkuchen servieren.

Auf nassen Händen klebt die
Fischmasse weniger stark und
lässt sich besser formen.

SOM TAM MALAKAW

SALAT MIT GRÜNER PAPAYA

DIESER SALAT AUS DEM NORDOSTEN IST HEUTE IN GANZ THAILAND BELIEBT. SOM BEDEUTET »SAUER«
UND TAM BEDEUTET »STOSSEN« (IM MÖRSER). MULTIPLIZIEREN SIE DIE MENGEN MIT DER ZAHL DER
GEWÜNSCHTEN PORTIONEN, ABER BEREITEN SIE IMMER NUR EINE IM MÖRSER ZU.

120 g kleine, harte, unreife Papayas
1 ½ EL Palmzucker
1 EL Fischsauce
1–2 Knoblauchzehen
25 g geröstete Erdnüsse
25 g Spargelbohnen, in 2,5 cm
    lange Stücke geschnitten
1 EL gemahlene getrocknete
    Garnelen
2–6 Vogelaugenchilis, ohne Stängel
    (mit 6 wird das Gericht sehr
    scharf)
50 g ganze Kirschtomaten oder
    2 mittelgroße Tomaten,
    in 6 Spalten geschnitten
eine halbe Limette
Klebreis (Seite 280) zum Servieren

1 PORTION

DIE grünen Papayas mit dem Sparschäler schälen
und in lange, dünne Streifen schneiden. Falls
vorhanden, eine Rohkostreibe verwenden.

DEN Palmzucker in der Fischsauce auflösen.

IN einem großen, tiefen Mörser den Knoblauch zu
einer Paste zerstoßen. Die gerösteten Erdnüsse
zufügen und mit dem Knoblauch grob stoßen. Die
Papaya hinzugeben und vorsichtig stoßen. Mit
einem Löffel die Masse von den Mörserwänden
lösen und gut mischen.

DIE Bohnen, getrockneten Garnelen und Chilis
hinzugeben und auch diese Zutaten grob zerstoßen. Nun Zuckermischung, Tomaten und
Limonensaft hinzufügen, und die Limonenschale
klein gehackt zu der Mischung geben. Alles
zusammen noch eine Minute stoßen, bis es gut
gemischt ist. Wenn der Saft austritt, vorsichtiger
rühren, damit er nicht spritzt. Die Limonenhaut
entfernen. Die Sauce abschmecken und bei
Bedarf nachwürzen. Sie sollte ausgewogen süß
und sauer mit scharfem und salzigem Einschlag
schmecken.

DEN Papayasalat mit dem Saft auf einen Teller
geben. Mit Klebreis servieren.

Nur eine Portion Salat passt in
den Mörser.

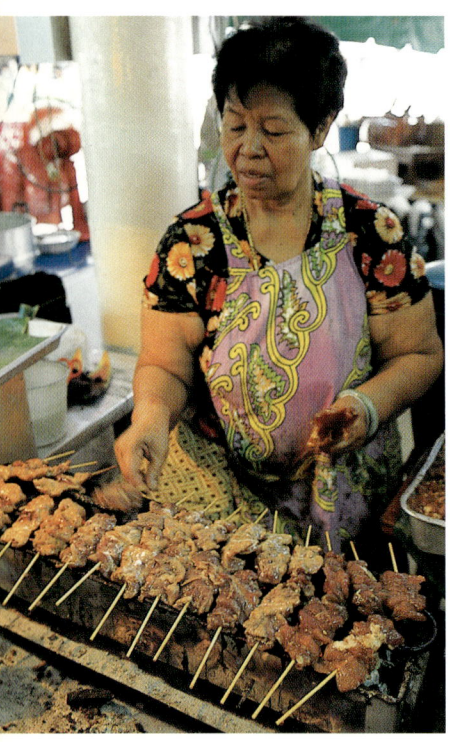

Satay-Spieße auf dem Aw Taw Kaw-Markt in Bangkok.

Huhn und Marinade mit den Fingern zu mischen, sorgt dafür, dass alle Fleischstücke gut mit der Sauce bedeckt sind.

SA-TE KAI
SATEH MIT HUHN

DAS AUS INDONESIEN STAMMENDE SATEH HAT SICH NACH NORDEN AUSGEBREITET UND DEM DORTIGEN GESCHMACK ANGEPASST. ES SOLLTE SCHNELL ÜBER HOLZKOHLE GEGART WERDEN. TRADITIONELL WIRD ES MIT ERDNUSSSAUCE SERVIERT, SCHMECKT ABER AUCH MIT GURKENRELISH.

1 kg enthäutetes Hühnerbrustfilet

MARINADE
2–3 Schalotten, grob gehackt
4–5 Knoblauchzehen, grob gehackt
4 Korianderwurzeln, fein gehackt
2,5 cm frischer Ingwer, in Scheiben
　geschnitten
1 EL gerösteter gemahlener
　Koriander
1 EL gerösteter gemahlener
　Kreuzkümmel
1 EL gerösteter gemahlener
　Kurkuma
1 TL Thai-Currypulver (Seite 287)
　oder fertiges Thai-Currypulver
2 EL helle Sojasauce
4 EL Pflanzenöl
410 ml Kokosmilch (Seite 279)
2 EL Palmzucker
1½ TL Salz
40 Bambusstäbchen, ca. 18–20 cm
　lang
Erdnusssauce (Seite 284) oder
　Gurkenrelish (Seite 287) zum
　Servieren

ERGIBT 40 STÄBCHEN

DIE Hühnerbrust in 4 cm breite, 10 cm lange und 5 mm dicke Streifen schneiden und in eine Schüssel legen.

IM Mixer oder Mörser Schalotten, Knoblauch, Korianderwurzel und Ingwer zu einer Paste verarbeiten.

DIE Paste auf dem Hühnerfleisch verteilen, ebenso den Koriander, Kreuzkümmel, Kurkuma, Currypulver, Sojasauce, Pflanzenöl, Kokosmilch, Zucker und Salz. Mit den Händen oder einem Löffel umrühren, bis das Huhn rundum bedeckt ist. Mit Plastikfolie abdecken und für mindestens 5 Stunden oder über Nacht in den Kühlschrank stellen. Das Fleisch gelegentlich wenden.

DIE Bambusstäbchen 1 Stunde in Wasser legen, damit sie beim Grillen nicht verbrennen.

EIN Stück mariniertes Huhn wie beim Nähen auf einen Spieß stecken, bei kleineren Stücken zwei.

DEN Grill anheizen. Beim Elektrogrill die Schale mit Folie auslegen.

DIE Satehspieße 5–7 Minuten (Holzkohle) oder 10 Minuten (elektrisch) pro Seite grillen, bis das Fleisch durch und leicht braun ist. Häufig wenden und während des Grillens mit der Marinade bestreichen. Beim Elektrogrill in deutlichem Abstand von der Hitzequelle garen. Heiß mit der Erdnusssauce oder dem Gurkenrelish servieren.

KLEBREIS MIT GARNELEN- ODER KOKOSBELAG

GARNELENBELAG
2 Knoblauchzehen, grob gehackt
4 Korianderwurzeln, geputzt
1/4 TL gemahlener schwarzer Pfeffer
1 EL Pflanzenöl
200 g gemahlene oder sehr kleine
   rohe Garnelen
25 g gemahlenes Kokosmark
1 TL Fischsauce
3 EL Zucker

ODER

KOKOSBELAG
150 g geriebene oder getrocknete
   Kokosnuss
150 g Palmzucker

1 Rezept Klebreis mit Kokosmilch
   (Seite 280)
3 Kaffirlimettenblätter, fein
   geschnitten, zum Garnieren

4 PORTIONEN

FÜR den Garnelenbelag Knoblauch, Koriander und Pfeffer im Mörser oder Mixer zu einer glatten Paste zerstoßen oder mit einem scharfen Messer sehr fein hacken. Das Öl im Wok oder in einer tiefen Pfanne erhitzen und die Knoblauchmischung bei mittlerer Hitze unter Rühren anbraten, bis sie duftet. Garnelen, Kokosmark, Fischsauce und Zucker zufügen und 3–4 Minuten weiter rühren, bis die Garnelen gar sind. Abschmecken und bei Bedarf nachwürzen. Das Gericht sollte süß und leicht salzig schmecken.

FÜR den Kokosbelag Kokosnuss, Zucker, 125 ml Wasser und eine Prise Salz in einem Topf mischen und bei schwacher Hitze umrühren, bis der Zucker aufgelöst ist. Nicht so stark einkochen, dass die Masse hart wird. Vom Herd nehmen.

ZUM Servieren eine kleine, nasse Schüssel mit dem Klebreis füllen und ihn auf einen Dessertteller stürzen. Den Garnelen- oder Kokosbelag darauf geben und mit Limettenblättern bestreuen. Nach Geschmack beide Beläge zubereiten und auf den Reis geben.

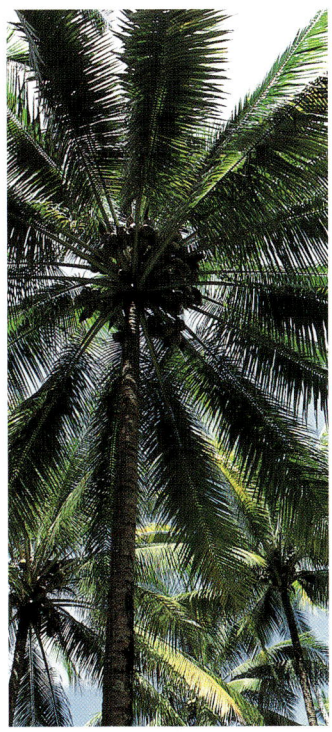

GEDÄMPFTE EIER

2 große Eier
2 TL helle Sojasauce
1 Frühlingszwiebel, in feine
   Scheiben geschnitten
eine Prise gemahlener weißer Pfeffer
1 1/2 EL Pflanzenöl
3–4 Knoblauchzehen, fein gehackt,
einige Korianderblätter zum
   Garnieren
1–2 lange rote Chilis, in dünne
   Scheiben geschnitten, zum
   Garnieren

2 PORTIONEN

DIE Eier in einer Schüssel mit der Gabel verschlagen. Sojasauce, 170 ml Wasser, Frühlingszwiebel und Pfeffer einrühren. Auf zwei kleine, hitzebeständige Schüsseln verteilen.

EINEN Wok oder Dämpftopf mit Wasser füllen und zum Köcheln bringen. Die Schüsseln vorsichtig auf den Dämpfeinsatz für den Wok stellen. Zugedeckt die Schüsseln 13 bis 15 Minuten oder bis die Eier stocken im Dampf stehen lassen. Mit einem Schaschlikspieß oder einer Gabel probieren. Ist die Spitze sauber, sind die Eier gar.

IM erhitzten Öl den Knoblauch goldbraun anbraten. Die Eier heiß oder warm mit Knoblauch bestreut servieren. Mit Koriander und Chili garnieren.

GEDÄMPFTE EIER

GOLDBEUTELCHEN

DIESE FRITTIERTEN HÄPPCHEN WEISEN AUF DEN EINFLUSS DER CHINESISCHEN KÜCHE IN THAILAND HIN. GOLDBEUTELCHEN EIGNEN SICH ALS KLEINE SNACKS ZU GETRÄNKEN, ABER AUCH ALS VOR-SPEISE. MIT SÜSSER ODER SCHARFER CHILISAUCE ODER AUCH MIT SOJASAUCE SERVIEREN.

110 g gehackte rohe Garnelen
80 g Wasserkastanien, abgetropft
   und grob gehackt
1 Knoblauchzehe, fein gehackt
1 Frühlingszwiebel, fein gehackt
1 EL Austernsauce
$1/4$ TL Salz
$1/4$ TL Pfeffer
30–35 Won-Tans, 7,5 cm im
   Quadrat
Erdnussöl zum Frittieren
süße Chilisauce (Seite 284) oder
   andere Chilisaucen zum Servieren

ETWA 30 STÜCK

GARNELEN in einer Schüssel mit Wasser-kastanien, Knoblauch und Frühlingszwiebel mischen. Die Austernsauce, Salz und Pfeffer hinzugeben. Jeweils etwa $1/2$ TL der Mischung in die Mitte der Won-Tans füllen. Die Ecken zu-sammendrücken, sodass ein kleiner Beutel entsteht. Auf eine Platte legen. Wiederholen, bis Blätter und Füllung aufgebraucht sind.

BEI mittlerer Hitze 5 cm Öl im Wok oder in einer tiefen Pfanne erhitzen. Wenn das Öl heiß genug erscheint, ein Stück Won-Tan-Teig hineinfallen lassen. Wenn es sofort zischt, ist das Öl soweit. Es darf nicht zu heiß sein, sonst verbrennen die Goldbeutelchen.

FÜNF Beutel ins Öl geben. Nach etwa 2 bis 3 Minuten werden sie fest. Ins Öl weitere 4 bis 5 Beutel geben und alle zusammen frittieren. Damit auch die Spitzen gar werden, mit dem Löffel Öl darüber gießen. Weitere 3 bis 4 Minuten frittieren, bis die Beutel goldbraun und knusprig sind. Die fertigen Beutel mit dem Schaumlöffel herausheben und dafür neue hineingeben. Auf Küchenpapier abtropfen lassen. Warmhalten, bis alle Beutel frittiert sind. Zum Servieren auf einen Teller legen. Mit Chilisauce servieren.

Eine kleine Menge Füllung in die Mitte eines Won-Tans geben und dieses vorsichtig zu einem eleganten Beutel formen.

KARII BUFF

CURRYTÄSCHCHEN

FÜLLUNG

1 ½ EL Pflanzenöl

2–3 Knoblauchzehen, fein gehackt

1 kleine Zwiebel, fein gehackt

5 Korianderwurzeln, fein gehackt

200 g gehacktes Hühner- oder
Schweinefleisch oder rohe
Garnelen

1 kleine rote Paprika, fein gewürfelt

50 g Erbsen

350 g Kartoffeln, geschält, gekocht
und klein gewürfelt

3 EL Fischsauce

2 EL Zucker

1 TL Thai-Currypulver (Seite 187)
oder fertig gekauftes Thai-
Currypulver

Erdnussöl zum Frittieren

TEIG A

340 g Mehl

2 ½ TL Backpulver

2 TL Zucker

½ TL Salz

80 ml Pflanzenöl

TEIG B

185 g Mehl

1 TL Backpulver

80–125 ml Pflanzenöl

FÜR 30 STÜCK

DAS ÖL im Wok oder in einer Pfanne erhitzen und den Knoblauch unter Rühren anbraten. Zwiebel und Koriander zugeben und bei mittlerer Hitze 2 bis 3 Minuten garen. Das Hühnerfleisch hineinrühren und rühren, bis es gar ist. Paprika und Erbsen hinzufügen und 1 bis 2 Minuten rühren. Kartoffeln, Fischsauce, Zucker und Currypulver einrühren und abschmecken.

TEIG A: Mehl, Backpulver, Zucker und Salz vermischen. Eine Vertiefung in die Mitte drücken und das Öl hineingeben. Nach und nach 125–170 ml Wasser darunter mischen und vorsichtig kneten, bis ein glatter Teig entsteht. Daraus 15 Kugeln formen, auf einer Platte mit Plastikfolie abdecken. Für Teig B Öl, Mehl und Backpulver leicht vermischen, bis der Teig gerade zusammenhält. 15 Kugeln formen, auf eine Platte legen und abdecken.

EINE Kugel aus Teig A zu einer Scheibe formen, um eine Kugel aus Teig B legen und zusammendrücken. Zu einem 5 x 15 cm großen Rechteck ausrollen. Von der kurzen Seite her fest aufrollen. Mit dem Teigroller zu einem Rechteck ausrollen. Nochmal aufrollen und flachdrücken. Dann wieder aufrollen und in der Mitte durchschneiden. An der Schnittfläche sollten verschiedene Teigschichten zu sehen sein. Eine Hälfte auf die Schnittfläche stellen und zu einem Kreis ausrollen. In die Mitte des Blattes 1–1½ EL Füllung geben. Den Teigrand mit Wasser bestreichen. Das Blatt zu einem Halbkreis falten und die Ränder zusammendrücken. Den runden Rand in kleinen Schritten umfalten. Auf eine Platte legen und weiterarbeiten, bis Teig und Füllung aufgebraucht sind.

BEI mittlerer Hitze im Wok oder einer tiefen Pfanne 7,5 cm Erdnussöl erhitzen. Etwas Teig hineinfallen lassen. Zischt es, ist das Öl heiß genug. Es darf nicht zu heiß sein. Nun 3 bis 4 Täschchen hineingeben. Nach 2 Minuten kommen sie wieder an die Oberfläche. Weitere 2 bis 3 hineingeben und alle zusammen frittieren. Die Oberseite der Täschchen mit heißem Öl übergießen. Die fertigen herausnehmen und auf Küchenpapier abtropfen lassen. Alle weiteren frittieren. Heiß, warm oder kalt servieren.

Der Teig für diese Häppchen braucht etwas Zeit, aber das Ergebnis ist wunderbar knusprig und lecker.

Traditionell werden diese Beutel mit Frühlingszwiebelgrün zugebunden, mit Schnittlauch geht es etwas leichter.

THUNG TONG

GOLDSÄCKE

DIESE FEINE VORSPEISE MIT CHINESISCHEM EINSCHLAG MACHT IHREM NAMEN ALLE EHRE. ZUM ZUBINDEN EIGNET SICH AUCH BLANCHIERTER SCHNITTLAUCH. FÜR DIE FÜLLUNG KÖNNEN ZUR HÄLFTE GARNELEN UND ZUR HÄLFTE HÜHNER- ODER SCHWEINEFLEISCH VERWENDET WERDEN.

280 g rohe Garnelen, geschält, geputzt, grob gehackt oder gehäutetes Hühner- bzw. Schweinefilet, grob gehackt

225 g Wasserkastanien aus der Dose, grob gehackt

3–4 Knoblauchzehen

3 Frühlingszwiebeln, in feine Scheiben geschnitten

1 EL Austernsauce

1 TL gemahlener weißer Pfeffer

1 TL Salz

2–3 Bund Frühlingszwiebeln oder 40 Stängel Schnittlauch, zum Zubinden

2 EL Mehl

40 Frühlingsrollenblätter, 13 cm im Quadrat

Erdnussöl zum Frittieren

Chilisauce zum Servieren

FÜR 40 STÜCK

MIT dem Mixer das Fleisch bzw. die Garnelen zu einer feinen Paste verarbeiten. Diese in einer Schüssel mit den Wasserkastanien, Knoblauch, Frühlingszwiebeln, Austernsauce, Pfeffer und Salz mischen.

FÜR die Bänder das Grüne der restlichen Frühlingszwiebeln in je 4 bis 6 lange Streifen schneiden. Für 5 Minuten in kochendes Wasser legen, bis sie weich sind. Auf Küchenpapier trocknen lassen.

DAS Mehl in einem kleinen Topf mit 8 EL Wasser glatt rühren. Unter Rühren bei mittlerer Hitze 1 bis 2 Minuten andicken lassen.

AUF der Arbeitsfläche 3 Frühlingsrollenblätter auslegen. Die restlichen Blätter in der Plastikhülle lassen, damit sie nicht austrocknen. Auf jedes Blatt etwa 2 TL Füllung geben. Rundum mit der Mehlpaste bestreichen. Zu einem Beutel formen und zusammendrücken. Auf eine mit Mehl bestäubte Platte legen. Diesen Vorgang wiederholen, bis Teig und Füllung aufgebraucht sind. Die Beutel mit Frühlingszwiebelstreifen oder Schnittlauch umwickeln und zuknoten.

BEI mittlerer Hitze im Wok oder einer tiefen Pfanne 7,5 cm Öl erhitzen. Wenn das Öl heiß genug erscheint, etwas Teig hineinfallen lassen. Wenn er sofort zischt, ist das Öl heiß genug. Es darf nicht zu heiß sein, denn sonst garen die Beutel zu schnell und werden braun. Ins Öl 4 Beutel geben und 2 bis 3 Minuten frittieren, bis sie fest werden. Dann 3 bis 4 weitere Beutel ins Öl geben und alle zusammen frittieren. Die Oberseiten mit heißem Öl begießen. Die Beutel 7 bis 10 Minuten frittieren, bis sie goldbraun und knusprig sind. Die fertigen Beutel mit dem Schaumlöffel herausnehmen und auf Küchenpapier abtropfen lassen. Warmhalten. Mit einer Chilisauce servieren.

KHAO PHOHT THAWT
ZUCKERMAISKUCHEN

400 g Maiskörner (2 Kolben)
1 Ei
3 EL Reismehl
1 EL gelbe Currypaste (Seite 275)
2 EL gehackte Schalotten
1 EL Fischsauce
25 g grob gehacktes Koriandergrün
1 große rote Chili, gehackt
Erdnussöl zum Braten
Gurkenrelish (Seite 287) zum
   Servieren

FÜR 8 STÜCK

DIE Maiskörner mit Ei, Reismehl, Currypaste, Schalotten, Fischsauce, Koriander und Chili mischen. Daraus kleine Kuchen formen. Bei Bedarf mehr Reismehl zugeben, sodass eine weiche Masse entsteht.

DAS Öl erhitzen und die Maiskuchen 3 bis 4 Minuten goldbraun anbraten, dabei einmal wenden. Heiß mit Gurkenrelish servieren.

Akah Mädchen.

KHANOM BANG NA KUNG
SESAMGARNELEN AUF TOAST

280 g rohe Garnelen, geschält und
   geputzt
2 TL helle Sojasauce
1 Ei
4–5 große Knoblauchzehen, grob
   gehackt
7–8 Korianderwurzeln, grob gehackt
$1/4$ TL gemahlener weißer Pfeffer
$1/2$ TL Salz
7 Scheiben altbackenes Weißbrot,
   entkrustet, in je zwei Dreiecke
   geschnitten
3 EL Sesam
Erdnussöl zum Frittieren
Gurkenrelish (Seite 287) zum
   Servieren

ERGIBT 14 STÜCK

IM Mixer die Garnelen zu einer glatten Paste verarbeiten. In eine Schüssel geben, die helle Sojasauce und das Ei zufügen und gut mischen. In etwa 30 Minuten fest werden lassen.

IM Mörser Knoblauch, Koriander, Pfeffer und Salz zu einer glatten Paste verarbeiten und zu den Garnelen geben. (Im Mörser erhält die Masse genau die richtige Konsistenz; es kann auch mit den Garnelen im Mixer püriert werden.) Den Elektrogrill auf mittlere Hitze vorheizen. Das Brot auf ein Backblech legen und in 3 bis 4 Minuten grillen, bis es trocken und leicht knusprig ist. Die Brotdreiecke auf einer Seite dick mit Garnelenpaste bestreichen. Mit Sesam bestreuen und fest andrücken. Für 30 Minuten in den Kühlschrank stellen.

BEI mittlerer Hitze das Öl im Wok oder einer tiefen Pfanne erhitzen. Ein Stückchen Brot hineinfallen lassen. Wenn es sofort zischt, ist das Öl heiß genug. Mehrere Brote zusammen mit der bestrichenen Seite nach unten in 3 Minuten goldbraun frittieren. Mit dem Schaumlöffel wenden. Mit der bestrichenen Seite nach oben auf Küchenpapier abtropfen lassen. Mit Relish servieren.

SESAMGARNELEN AUF TOAST

Die Frühlingsrollenblätter in der Plastikhülle lassen, damit sie nicht austrocknen, während die anderen verarbeitet werden.

FRÜHLINGSROLLEN

DIESE AROMATISCHEN ROLLEN SIND IN GANZ SÜDOSTASIEN BELIEBT. DIE THAI-VARIANTE IST EINE EDLE KOMBINATION AUS CHINESISCHEN UND VIETNAMESISCHEN ELEMENTEN. THAI-FRÜHLINGS-ROLLEN WERDEN KNUSPRIG FRITTIERT. SIE KÖNNEN MIT CHILI- ODER SOJASAUCE SERVIERT WERDEN.

50 g Vermicelli, Glas- oder Wun-Sen-Nudeln

15 g getrocknete Shiitake Pilze (eine halbe Hand voll)

2 EL Mehl

1 ½ EL Pflanzenöl

3–4 Knoblauchzehen, fein gehackt

100 g gemahlenes Hühner- oder Schweinefleisch

1 kleine Möhre, fein gerieben

140 g Bohnensprossen

1 cm Ingwer, fein gerieben

1 ½–2 EL Fischsauce

1 ½ EL Austernsauce

¼ TL gemahlener weißer Pfeffer

25 Frühlingsrollenblätter, 13 cm im Quadrat

Erdnussöl zum Frittieren

Chilisauce zum Servieren

25 KLEINE FRÜHLINGSROLLEN

DIE Nudeln für 1 bis 2 Minuten in heißes Wasser legen, bis sie gar sind. Abtropfen lassen und in Stücke schneiden. Die getrockneten Pilze 2 bis 3 Minuten in heißem Wasser einweichen. Abtropfen lassen und fein hacken. Das Mehl und 2 EL Wasser zu einer glatten Paste verrühren.

DAS Öl im Wok oder einer Pfanne erhitzen und den Knoblauch unter Rühren goldbraun braten. Das Fleisch hinzugeben und mit dem Löffel zerteilen, bis es in kleine Stücke zerfällt und gar ist. Nudeln, Pilze, Möhre, Sprossen, Ingwer, Fischsauce, Austernsauce und Pfeffer hinzugeben, 4 bis 5 Minuten weiter garen. Abschmecken. Abkühlen lassen.

AUF der Arbeitsfläche 3 Frühlingsrollenblätter auslegen und am Rand mit etwas Mehl bestäuben. Die restlichen Blätter in der Plastikhülle lassen. Auf jedes Blatt, etwa 2,5 cm vom Rand 2 TL Füllung geben. Den Rand aufnehmen und vom Körper weg einhalb mal um die Füllung rollen. Die Seiten nach innen umschlagen, sodass sie die Füllung umschließen. Dann fertig aufrollen und mit der Mehlpaste fest verschließen. Wiederholen, bis Teig und Füllung aufgebraucht sind. (In diesem Zustand können die Rollen eingefroren werden. Dazu jede Rolle in ein weiteres Frühlingsrollenblatt wickeln.)

BEI mittlerer Hitze im Wok oder in einer tiefen Pfanne 5 cm Öl erhitzen. Wenn das Öl heiß genug erscheint, ein Stück Teig hineinfallen lassen. Wenn es sofort zischt, ist das Öl soweit. Es darf nicht zu heiß sein. Fünf Rollen in das Öl geben und 2 bis 3 Minuten frittieren. Wenn sie fest werden, vier weitere Rollen hineingeben und alle zusammen frittieren. Die Oberseiten mit heißem Öl übergießen, damit sie ebenfalls frittieren. Die Rollen 6 bis 8 Minuten frittieren, bis sie knusprig sind. Die fertigen Frühlingsrollen einzeln herausnehmen und dafür neue hineingeben. Auf Küchenpapier abtropfen lassen. Mit einer Chilisauce servieren.

KAI HAW BAI TOEY

HÜHNERFLEISCH IN PANDANUSBLÄTTERN

PANDANUSBLÄTTER DIENEN BEI DIESEM GERICHT ALS HÜLLE UND ALS AROMAZUTAT. MIT EINEM LANGEN STIEL SIND DIE PÄCKCHEN DEKORATIVER UND LEICHTER ZU HANDHABEN. ZUM ESSEN VORSICHTIG AUSPACKEN UND DAS HUHN IN DIE SAUCE DIPPEN.

6 Korianderwurzeln, grob gehackt
4–5 Knoblauchzehen
1 TL gemahlener weißer Pfeffer
$1/4$ TL Salz
600 g gehäutete Hühnerbrustfilets, in 25 Würfel geschnitten
2 EL Austernsauce
1 $1/2$ EL Sesamöl
1 EL Mehl
25 Pandanusblätter, geputzt und abgetrocknet
Pflanzenöl zum Frittieren
Pflaumensauce (Seite 284) oder Chilisauce zum Servieren

FÜR 25 STÜCK

IM Mörser oder im Mixer Koriander, Knoblauch, Pfeffer und Salz zu einer Paste verarbeiten.

IN einer Schüssel die Paste mit Hühnerfleisch, Austernsauce, Sesamöl und Mehl mischen. Mit Plastikfolie abdecken und im Kühlschrank mindestens 3 Stunden oder über Nacht ziehen lassen.

EIN Pandanusblatt falten: Das untere Ende nach oben vor die Spitze falten, sodass sich eine Vertiefung bildet. Ein Stück Hühnerfleisch hineinlegen und das untere Ende des Blattes darumlegen, sodass ein Knoten entsteht und das Fleisch umschlossen ist. Wiederholen, bis die Fleischwürfel aufgebraucht sind.

BEI mittlerer Hitze das Öl im Wok oder einer tiefen Pfanne erhitzen.

WENN das Öl heiß genug erscheint, ein Stück Pandanusblatt hineinwerfen. Wenn es sofort zischt, ist das Öl soweit. Einige Päckchen hineingeben und 7 bis 10 Minuten frittieren, bis sie sich fest anfühlen. Mit dem Schaumlöffel herausnehmen und auf Küchenpapier abtropfen lassen. Die fertigen Päckchen warm halten, während der Rest frittiert wird. Zum Servieren auf eine Platte legen. Mit Pflaumen- oder einer Chilisauce servieren.

Pandanusblätter sind eine dekorative Verpackung für das Hühnerfleisch.

KUNG HOM PAR

GARNELEN IN TEIG

DIESE AUF CHINESISCHE ART ZUBEREITETEN GARNELEN SIND IDEAL ALS FINGERFOOD. BESONDERS ATTRAKTIV SEHEN GROSSE GARNELEN MIT SCHWÄNZEN AUS. SIE KÖNNEN AUCH ÜBER NACHT IM KÜHLSCHRANK MARINIERT WERDEN.

12 große rohe Garnelen, geputzt,
   mit Schwanz
1 EL Mehl
2 Knoblauchzehen, grob gehackt
3 Korianderwurzeln, fein gehackt
1 cm Ingwer, in dicke Scheiben
   geschnitten
1 ½ EL Austernsauce oder als
   schärfere Würze ½ TL rote
   Currypaste (Seite 276)
1 Prise gemahlener weißer Pfeffer
12 TK-Frühlingsrollenblätter oder
   Filoteigblätter, 12 cm im Quadrat,
   aufgetaut
Erdnussöl zum Frittieren
Chilisauce oder Pflaumensauce
   (Seite 284) zum Servieren

4 PORTIONEN

DIE Garnelen auf der Unterseite 3- bis 4-mal flach einschneiden, die Schnitte öffnen und die Garnelen geradebiegen, damit sie sich leichter verpacken lassen.

DAS Mehl in einem kleinen Topf mit 3 EL Wasser glatt rühren. Bei mittlerer Hitze unter Rühren 1 bis 2 Minuten kochen, bis die Masse eindickt. Vom Herd nehmen.

IM Mörser oder im Mixer Knoblauch, Koriander und Ingwer zu einer Paste verarbeiten.

IN einer Schüssel Knoblauchpaste, Garnelen, Austernsauce, Pfeffer und eine Prise Salz vermischen. Mit Plastikfolie abdecken und 2 Stunden im Kühlschrank ziehen lassen. Gelegentlich wenden.

EIN Teigblatt auf die Arbeitsfläche legen. Die anderen in der Plastikhülle lassen, damit sie nicht austrocknen. Das Blatt in der Mitte falten, eine Garnele aus der Marinade nehmen und so auf den Teig legen, dass der Schwanz an der Spitze herausschaut. Den unteren Rand des Blattes und dann die Seiten umfalten, sodass die Garnele fest umschlossen wird. Die Nähte mit der Mehlpaste verschließen. Weiterarbeiten, bis die Garnelen und Teigblätter aufgebraucht sind.

BEI mittlerer Hitze das Öl im Wok oder einer tiefen Pfanne erhitzen. Wenn das Öl heiß genug erscheint, ein Stück Teig hineinwerfen. Wenn es sofort zischt, ist das Öl soweit. Je vier Garnelen hineingeben und 3 bis 4 Minuten frittieren, bis sie goldbraun und knusprig sind. Mit dem Schaumlöffel herausnehmen und auf Küchenpapier abtropfen lassen. Die fertigen Garnelen warm halten, während der Rest frittiert wird.

ZUM Servieren auf eine Platte legen. Mit Pflaumen- oder Chilisauce servieren.

Große Garnelen eignen sich für diese Häppchen am besten. Mit den dekorativen Schwänzen lassen sie sich lgut aufnehmen.

Würstchen – beliebter Snack.

SCHWEINSWÜRSTCHEN

KUNG PHAT BAI PHAK CHII LAE PHRIK

GARNELEN MIT KORIANDER UND CHILI

350 g rohe Garnelen
1 Knoblauchzehe, fein gehackt
1 TL Korianderblätter, fein gehackt
½–1 lange rote Chilischote, entkernt, fein gehackt
2 TL Limonensaft
2 TL Pflanzenöl
1 TL Sesamöl
1 ½ TL helle Sojasauce
1 EL Austernsauce
¼ TL gemahlener weißer Pfeffer
4 Bambusspieße

4 PORTIONEN

DIE Garnelen schälen, putzen und auf der Rück-seite einschneiden (Unterseite und Schwänze geschlossen lassen).

KNOBLAUCH, Koriander, Chili, Limonensaft, beide Sorten Öl, Sojasauce, Austernsauce und den Pfeffer in einer flachen Schüssel gründlich ver-rühren. Die Garnelen hineingeben und nochmals rühren, sodass sie von der Marinade bedeckt sind. Mit Plastikfolie abgedeckt mindestens 30 Minuten, besser über Nacht, in den Kühlschrank stellen.

DIE Bambusspieße 1 Stunde in Wasser ein-weichen, damit sie beim Grillen nicht brennen. Die Garnelen auf die Spieße stecken.

DEN Grill auf hohe Temperaturen vorheizen. Bei Oberhitze die Schale mit Folie auslegen. Die Garnelen in genügendem Abstand von der Hitze-quelle pro Seite 8 bis 10 Minuten grillen. Auf offe-nem Feuer werden sie schon nach 4 bis 5 Minuten gar. Die Spieße häufig wenden, bis die Garnelen rosa werden. Während des Grillens die Garnelen mit der Marinade bestreichen.

SAI UA

SCHWEINSWÜRSTCHEN

DIESE WÜRSTCHEN WERDEN MEIST IN EINE HAUT GPRESST. OHNE HAUT SIND SIE JEDOCH LEICHTER HERZUSTELLEN. IN THAILAND WERDEN MANCHE WÜRSTE VOR DEM GAREN NOCH FERMENTIERT, SIE SCHMECKEN FRISCH ABER GENAUSO GUT. MIT ROHEM GEMÜSE, Z. B. KOHLSPALTEN, SERVIEREN.

3 Korianderwurzeln
1 Stängel Zitronengras, nur das
   Weiße, gehackt
4 Knoblauchzehen, gehackt
¼ TL gemahlener weißer Pfeffer
1 kleine rote Chilischote, gehackt
2 TL Fischsauce
2 TL Zucker
300 g gehacktes Schweinefleisch

4 PORTIONEN

IM Mörser oder Mixer Koriander, Zitronengras, Knoblauch und Pfeffer zu einer feinen Paste verar-beiten.

CHILI, Fischsauce, Zucker und Schweinefleisch zu der Paste geben und gut verrühren. Zu Würstchen formen.

DEN Grill vorheizen und die Würstchen 4 bis 5 Minuten von jeder Seite grillen, bis sie gar sind.

KHAI LUK KOEI
SCHWIEGERSOHN-EIER

DIESES FESTLICHE GERICHT WIRD TRADITIONELL ZU NEUJAHR ODER BEI HOCHZEITEN SERVIERT ODER BEI EINEM BESUCH IM TEMPEL FÜR DIE MÖNCHE MITGENOMMEN. DIE EIER EIGNEN SICH GUT ALS SNACKS. DURCH DAS FRITTIEREN ERHÄLT DIE HAUT EINE BESONDERE STRUKTUR.

2 getrocknete lange rote
   Chilischoten, etwa 13 cm lang
Pflanzenöl zum Frittieren
110 g Schalotten, in feine Ringe
   geschnitten
6 große, hart gekochte Eier ohne
   Schale
2 EL Fischsauce
3 EL Tamarindenmus
6 EL Palmzucker

4 PORTIONEN

DIE Chilis mit einer Schere oder einem Messer in 5 mm große Stücke schneiden und die Samen entfernen. Bei mittlerer Hitze im Wok oder einer tiefen Pfanne 5 cm Öl erhitzen. Wenn das Öl heiß genug erscheint, einen Ring hineinwerfen. Wenn es sofort zischt, ist das Öl soweit. Die Chilis wenige Sekunden frittieren, um das Aroma zu entfalten, ohne sie zu verbrennen. Mit dem Schaumlöffel herausnehmen und auf Küchenpapier abtropfen lassen.

IM selben Wok die Schalotten in 3 bis 4 Minuten goldbraun frittieren, ohne sie zu verbrennen. Mit dem Schaumlöffel herausnehmen und auf Küchenpapier abtropfen lassen. Mit einem Löffel je ein Ei in dasselbe heiße Öl geben, ohne dass es spritzt. In 10 bis 15 Minuten rundum goldbraun frittieren. Mit dem Schaumlöffel herausnehmen und auf Küchenpapier abtropfen lassen. Warmhalten.

BEI mittlerer Hitze in einem Topf Fischsauce, Tamarindenmus und Zucker 5 bis 7 Minuten verrühren, bis sich der Zucker aufgelöst hat.

DIE Eier der Länge nach halbieren und mit dem Eigelb nach oben auf eine Platte setzen. Mit der Tamarindensauce beträufeln und die frittierten Chilis und Schalotten darauf verteilen.

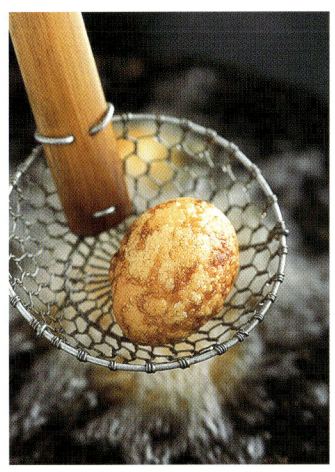

Sind die Eier goldbraun, sind sie gut. Vorsichtig mit dem Schaumlöffel herausnehmen und auf Küchenpapier abtropfen lassen.

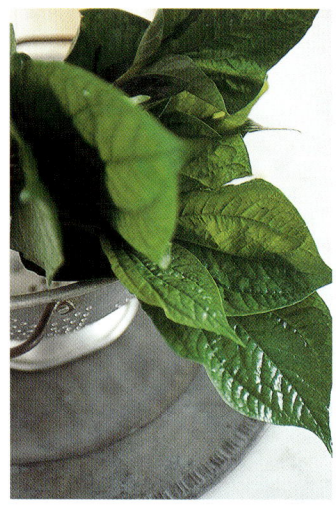

BETELBLÄTTER MIT HERZHAFTER FÜLLUNG

2 EL Erdnussöl

4 Schalotten, in feine Ringe
  geschnitten

2 Knoblauchzehen, mit dem Messer
  zerdrückt

150 g gehacktes Hühner- oder
  Schweinefleisch

2 EL Fischsauce

1 EL Tamarindenmus

1 EL getrocknete Garnelen, gehackt

2 EL Palmzucker

1 cm frischer Ingwer, gerieben

2 Vogelaugenchilis, fein gehackt

1 EL geröstete Erdnüsse, gehackt

1 EL gehackte Korianderblätter

16 Betelblätter

Limonenspalten zum Beträufeln

FÜR 16 STÜCK

DAS Öl im Wok erhitzen und Schalotten und Knoblauch 1 bis 2 Minuten bräunen. Das Fleisch hinzufügen und braten, bis es sich verfärbt. Eventuelle Klumpen mit der Rückseite eines Löffels zerdrücken. Fischsauce, Tamarindenmus, Garnelen und Palmzucker hinzufügen und alles zusammen garen, bis die Mischung braun und klebrig wird. Ingwer, Chilis, Erdnüsse und Korianderblätter hineinrühren.

DIE Betelblätter auf einer großen Platte auslegen und etwas von der Füllung darauf geben. Dazu Limonenspalten servieren, um die Mischung zu beträufeln.

GALOPPIERENDE PFERDE

GALOPPIERENDE PFERDE

1 ½ EL Pflanzenöl

2–3 Knoblauchzehen, fein gehackt

225 g gehacktes Schweinefleisch

1 Frühlingszwiebel, fein gehackt

½ EL Korianderblätter, fein gehackt

25 g ungesalzene, geröstete
  Erdnüsse, grob gemahlen

2 EL helle Sojasauce

3 EL Palmzucker

1 Prise gemahlenen weißen Pfeffer

16 kleine Stücke Ananas oder
  Mandarinen- bzw. Orangenspalten

einige Korianderblätter zum
  Garnieren

1 rote Chilischote, sehr fein
  gehackt, zum Garnieren

4 PORTIONEN

DAS Öl in einer Pfanne oder dem Wok erhitzen und den Knoblauch unter Rühren goldbraun braten. Das Hackfleisch hinzugeben und bei mittlerer Hitze garen. Mit einem Löffel zerdrücken. Frühlingszwiebel, Koriander, Erdnüsse, Sojasauce, Zucker und Pfeffer hinzufügen. 4 bis 5 Minuten durchrühren, bis die Mischung trocken und klebrig ist.

DIE Mischung auf die Ananasstücke verteilen.

DIE Zitrusspalten erst auf der Rückseite einschneiden und auffalten. Dabei Kerne entfernen.

DIE geöffneten Spalten auf einer Platte auslegen und mit einem Teelöffel mit der Füllung belegen. Jedes Stück mit einem Korianderblatt und einem Chiliring garnieren.

MUSCHELPFANNKUCHEN

2 kg Miesmuscheln
(etwa 350 g Fleisch)

CHILISAUCE
1 lange rote Chilischote, ohne
Samen, fein gehackt
2 ½ EL weißer Essig
½ EL Zucker

50 g Tapioka oder Mehl
40 g Maisstärke
1 EL Fischsauce
1 TL Zucker
6 Knoblauchzehen, fein gehackt
350 g Bohnensprossen
4 Frühlingszwiebeln, in Ringe
geschnitten
8 EL Pflanzenöl
4 große Eier
einige Korianderblätter
1 lange rote Chilischote, ohne
Samen, in feine Ringe geschnitten
1 Prise gemahlener weißer Pfeffer
4 Limonenspalten

4 PORTIONEN

DIE Muscheln bürsten und die Bärte entfernen.
Alle offenen Muscheln, die sich nicht schließen,
wenn sie auf die Arbeitsfläche getippt werden,
wegwerfen. Den Backofen auf 180 °C vorheizen.
Die Muscheln auf ein Backblech legen und
5 Minuten backen, bis sich die Schalen leicht öffnen. Alle ungeöffneten Muscheln wegwerfen. Die
Schalen etwas abkühlen lassen, öffnen und das
Fleisch herausnehmen. In einem Sieb abtropfen
lassen.

FÜR die Chilisauce die Chilischote in einer kleinen
Schüssel mit Essig, Zucker und einer Prise Salz
verrühren.

MEHL, Stärke und 6 bis 8 EL Wasser mit einer
Gabel oder einem Löffel zu einer glatten, klumpen-
freien Paste verrühren. Fischsauce und Zucker hinzufügen. Auf vier Schüsseln verteilen und in jede
Schüssel einige Muscheln füllen.

KNOBLAUCH, Bohnensprossen und Frühlingszwiebel in 4 gleiche Teile teilen.

NACHEINANDER die Pfannkuchen backen. In
einer kleinen Pfanne 1 EL Öl erhitzen und darin
einen Teil Knoblauch bei mittlerer Hitze unter
Rühren goldbraun anbraten. Eine Portion Muschel-
teig umrühren und in die Pfanne geben. Die
Pfanne schwenken, damit der Teig sich gleichmäßig verteilt. In 2 bis 3 Minuten die Unterseite
braun backen. Wenden und die Oberseite bräunen. In der Mitte ein Loch aufreißen und ein Ei
hineinschlagen. Mit je einer halben Portion
Bohnensprossen und Frühlingszwiebeln bestreuen. Backen, bis das Ei fest wird, dann noch
einmal wenden. Auf einen Teller stürzen.

DIE Pfannkuchen mit Korianderblättern, Chiliringen
und Pfeffer bestreuen. Je eine Limonenspalte, die
restlichen Bohnensprossen und Frühlingszwiebeln
auf die Teller geben. Mit Chilisauce servieren.

Hier eignen sich kleine schwarze
Muscheln besser als die großen,
grünlippigen.

อาหารตามสั่ง

ศุก

หมู-เ

หมูแดงราดข้าว

ข้าวผัด

ปู-กุ้ง-หมู-เนื้อ-ไก่ - 20.

ข้าวผัดพริกแกง - 20.

ข้าวผัดกะเพรา - 20.

ข้าวไก่ผัดเม็ดมะม่วง - 20.

ข้าวปูผงกะหรี่ - 20.

ข้าวผัดเปรี้ยวหวาน - 20

STRASSENSTÄNDE Fast jedes Gericht der Thai-Küche ist an dem einen oder anderen Stand zu haben – mit Ausnahme der königlichen Küche. Ganze Menüs, wie zwei oder drei Gerichte mit Reis *(oben links)*, werden ebenso zu jeder Tages- und Nachtzeit angeboten wie einfache Snacks, etwa gegrillte Bananen *(unten links)*, Muschelpfannkuchen *(Mitte)* und Sateh *(rechts)*. Currys und ähnliche Gerichte werden

STRASSEN-STÄNDE

IN THAILAND WIRD ZU JEDER TAGESZEIT GEGESSEN UND SEHR GERN BEI EINEM STRASSENHÄNDLER. *ROT KHEN* (VERKAUFS-WAGEN) STEHEN SELBST IN DEN KLEINSTEN DÖRFERN AN DER STRASSE. TAGSÜBER STEHEN SIE OFT AM MARKT, ERST AM ABEND UND IN DER NACHT BLÜHEN SIE RICHTIG AUF.

WO FINDET MAN STRASSENHÄNDLER?

Verkaufsstände stehen praktisch überall: Ob am Rand von Märkten, an belebten Straßen, in Seitengassen oder in der Nähe von Bushaltestellen und Bahnhöfen. Es gibt einfache Karren, die die Händler abends mit nach Hause nehmen, oder dauerhaftere Gebilde. Stände mit gutem Ruf können sich über Jahre oder gar Generationen an einem Ort halten.

TYPISCHES THAI-ESSEN

Es gibt fünf Arten von Gerichten, die an den dazugehörigen Ständen erkennbar sind. Stände mit Schaukästen verkaufen Gerichte wie *Som tam* (Salat mit grüner Papaya), Nudel-gerichte und Suppen, gebratenes Schweine- und Hühnerfleisch oder chinesischen Reis mit Huhn. Stände mit vorgekocht, alles andere ist frisch zubereitet. Schweinebraten ist sehr beliebt *(oben links)*, er wird mit zwei verschiedenen Dips angeboten. Maiskolben *(oben rechts)* sind relativ neu in der Thai-Küche. Mais gedeiht in Regionen, wo Reisanbau nicht möglich ist. Chinesische Suppen werden gern zu Mittag gegessen *(unten links)*, verschiedene Insekten *(unten rechts)* sind im Norden Thailands sehr beliebt.

Holzkohlegrill verkaufen Satehs, gegrilltes Huhn oder Schwein, Thai-Würstchen, Tintenfisch und Bananen. Die Kuppeln von Dampftöpfen weisen auf geschmortes Schweinefleisch, chinesische Knödel, Kürbiscreme und Klebreis in Bananenblättern hin. Karren mit einer großen Heizplatte bieten Muscheln im Teigmantel, Omelettes, Pfannkuchen und gebratene Nudeln an. Woks bedeuten Frühlingsrollen, Wan-Tans, Fischkuchen und Teigspieße. Andere Stände bieten Gerichte wie Fischcurry in Bananenbechern, Speckschwartensuppe und die verschiedensten Puddings an. An Getränkekarren gibt es Obstsaft und Süßigkeiten auf zerstoßenem Eis. Andere verkaufen frisches Obst, Obstkonserven und Meeresfrüchte wie gekochte Venus- oder Herzmuscheln.

PALMZUCKERPÄCKCHEN

PALMZUCKER-ERDNUSS-PÄCKCHEN Für diesen süßen, gedämpften Snack wird Erdnusspaste mit einer Mehl-Zucker-Paste umhüllt und in ein Bananenblatt gefüllt. Es braucht geschickte Hände, um die Bananenblätter zu ordentlichen Pyramiden zu falten, bevor sie in den großen Dämpftopf kommen. Der Händler stellt jeden Tag die gleiche Menge Päckchen her und hält seinen Stand offen, bis alle verkauft sind.

SOM TAM

SOM TAM *Som tam* ist eigentlich kein Salat. Es wird in einzelnen Portionen hergestellt und als Snack mit Klebreis serviert. Der Hauptbestandteil ist geraspelte grüne Papaya, dazu kommen Tomaten, Palmzucker, Erdnüsse, Chili und Limonensaft, Fischsauce, Garnelen, Knoblauch, Spargelbohnen und Kräuter. Die Kunden probieren das *Som tam* während der Zubereitung und schmecken es ab.

ROTI

BANANEN-ROTI wird auf einer flachen Heizplatte gebacken wird. Der Name bedeutet Brot, aber das Gericht erinnert eher an einen Pfannkuchen oder eine Pastete. Zuerst wird der dünne Teig auf der heißen Platte ausgebreitet, dann kommt die süße Füllung, z. B. Bananen und Kondensmilch, hinein und der Teig wird darüber gefaltet und gebacken: eine knusprige Hülle mit weicher, süßer Füllung.

NUDELSUPPE Nudeln werden in Thailand allgemein als Snack verkauft. Dies sind *Khanom jiin,* Reisnudeln, nach Art des Nordostens mit Fenchel angerichtet.

GEGRILLTES HUHN Grillstände an der Straße sorgen für ständigen Nachschub an gegrilltem Huhn. Auf Anfrage werden die Hühnchen in Teile zerlegt.

GETROCKNETER TINTEN-FISCH Gegrillter Tintenfisch ist ein beliebter Abendsnack. Der Tintenfisch wird vor dem Grillen auf dem Kohlefeuer weich gewalzt.

THAI-WÜRSTCHEN Würzige Schweinswürstchen sind beliebt in Thailand, hergestellt aus Schwein, Reis und Gewürzen und werden vom Grill verkauft.

GEBRATENER FISCH Fisch wird in ganz Thailand gegessen, oft am Stück gebraten. Meist wird er auf Reis mit einer Chilisauce serviert.

THAI-OLIVEN werden mit einer Chili-Zucker-Würze in kleinen Plastikbeuteln verkauft. Kombinationen mit entgegengesetzten Aromen sind weit verbreitet.

GEGRILLTE BANANEN Die kleinen Zuckerbananen werden auf verschiedene Weise gegessen, oft gegrillt, bis sie außen braun und innen weich sind.

GEDÄMPFTER KLEBREIS Gedämpfter Klebreis in Bananenblättern wird oft mit Kokos, Taropüree oder fermentierten Sojabohnen aromatisiert.

KOKOSPUDDING Hierfür wird ein Teig mit süßer Kokosmilch, manchmal aromatisiert, in eine Form gefüllt und auf Holzkohle oder einer Gasflamme gebacken.

FRITTIERTER SCHWEINE-BAUCH Große Stücke werden in Scheiben geschnitten und mit Chilisauce in kleinen Tüten verkauft, kleinere ganz frittiert.

CHINESISCHE SUPPE oder milde Suppe wird in Schüsseln gedämpft. Suppen werden meist zu größeren Mahlzeiten oder als Snack gegessen.

CHINESISCHE KLÖSSCHEN Ein luftiger Teig wird mit gehacktem Schweinefleisch oder Mungobohnen gefüllt, wie bei der chinesischen Spezialität Dim Sum.

SUPPEN

KHAO TOM KUNG LAE KAI

REISSUPPE MIT GARNELEN UND HUHN

OBWOHL SIE VON DER CHINESISCHEN CONGEE ABGELEITET SIND, WERDEN THAI-REISSUPPEN EHER MIT GANZEN KÖRNERN GEKOCHT, WÄHREND DIE CHINESEN SCHROT BEVORZUGEN. REISSUPPEN WERDEN ABENDS ALS SNACK ODER ZUM FRÜHSTÜCK GEGESSEN. SIE SIND EINE SÄTTIGENDE MAHLZEIT.

110 g rohe Garnelen
2 EL Pflanzenöl
3–4 große Knoblauchzehen, fein gehackt
1 Knoblauchzehe, grob gehackt
1 Korianderwurzel, fein gehackt
1 Prise weißer Pfeffer, plus Pfeffer zum Bestreuen
75 g gehacktes Hühner- oder Schweinefleisch
1 Frühlingszwiebel, fein gehackt
935 ml Hühner- oder Gemüsebrühe
2 EL helle Sojasauce
2 TL eingemachter Rettich
325 g gekochter Jasminreis
1 EL in dünne Scheiben geschnittener Ingwer
1 Blatt Chinakohl, grob gehackt
2 Frühlingszwiebeln, fein gehackt, zum Garnieren
einige Korianderblätter, zum Garnieren

4 PORTIONEN

DIE Garnelen schälen und putzen und am Rücken aufschneiden (Unterseite und Schwanz zusammenlassen, den Schwanz nicht entfernen).

DAS Öl in einem kleinen Wok oder einer Pfanne erhitzen und den Knoblauch unter Rühren hellgold braten. Vom Feuer nehmen und den Knoblauch entfernen.

IM Mörser oder einem kleinen Mixer die Korianderwurzel, den grob gehackten Knoblauch, Pfeffer und eine Prise Salz zu einer Paste verarbeiten. Diese Paste in einer Schüssel mit dem Hackfleisch und der Frühlingszwiebel mischen. Mit dem Löffel oder feuchten Händen die Masse zu etwa 1 cm dicken Kugeln formen.

DIE Brühe in einem Topf bis an den Siedepunkt erhitzen. Sojasauce, Rettich und Reis hineingeben. Die Fleischbällchen in die Brühe geben und bei mittlerer Hitze in 3 Minuten gar kochen. Garnelen, Ingwer und Chinakohl hinzufügen. Weitere 1 bis 2 Minuten kochen, bis die Garnelen sich öffnen und rosa werden. Abschmecken.

MIT Frühlingszwiebel und Korianderblättern garnieren. Mit gemahlenem weißem Pfeffer bestreuen, mit dem Knoblauchöl beträufeln.

Der köstliche Geschmack entsteht aus der Mischung von Garnelen, Huhn und Gemüse.

In einem riesigen, geflochtenen Korb wird Reis gedroschen.

KAENG JEUT PLAA MEUK SAI MUU
SUPPE MIT GEFÜLLTEM TINTENFISCH

KAENG JEUT IST EINE DER DREI WICHTIGSTEN SUPPENARTEN IN THAILAND. DER NAME BEDEUTET MILDE SUPPE. AUCH DIESES GERICHT ZEIGT CHINESISCHEN EINFLUSS. DIE SUPPE WIRD KAUM GEWÜRZT, DESHALB IST DIE QUALITÄT DER BRÜHE VON GRÖSSTER BEDEUTUNG.

280 g kleine Tintenfische
2 Korianderwurzeln, fein gehackt
3–4 große Knoblauchzehen, grob gehackt
280 g gehacktes Schweine- oder Hühnerfleisch
¼ TL Salz
¼ TL gemahlener weißer Pfeffer
2 l Gemüsebrühe
2,5 cm Ingwer, in feine Scheiben geschnitten
4 EL helle Sojasauce
1 EL eingelegter Rettich, in Scheiben geschnitten
5 Frühlingszwiebeln, schräg in Scheiben geschnitten, zum Garnieren
einige Korianderblätter zum Garnieren
gemahlener weißer Pfeffer zum Bestreuen

4 PORTIONEN

ZUM Putzen der Tintenfische den Körper in eine Hand nehmen und Kopf und Tentakel abreißen. Den Kopf direkt über den Augen von den Tentakeln trennen und wegwerfen. Den Körper ausnehmen. Die Haut abziehen und den Tintenfisch gut abspülen und abtropfen lassen.

IM Mörser Korianderwurzel und Knoblauch zu einer Paste verarbeiten. Diese in einer Schüssel mit dem Fleisch, Salz und Pfeffer mischen. Mit dieser Mischung die Tintenfischkörper zu zwei Dritteln füllen – nicht mehr, da sich die Füllung während des Kochens ausdehnt. Den Tintenfisch zudrücken. Mit einem Bambusstäbchen oder einem Zahnstocher den Tintenfisch verschließen. Auf einen Teller legen und weiterarbeiten, bis alle Tintenfische gefüllt sind. Mit einem Löffel oder feuchten Händen die restliche Füllung zu etwa 1 cm großen Bällchen rollen.

DIE Brühe in einem Topf aufkochen lassen. Die Hitze reduzieren, Ingwer, Sojasauce und Rettich hinzugeben. Die Fleischbällchen in die Brühe geben, dann die gefüllten Tintenfische. Bei schwacher Hitze in 4 bis 5 Minuten gar kochen. Die Brühe abschmecken.

MIT Frühlingszwiebeln und Korianderblättern garnieren. Mit weißem Pfeffer bestreuen.

Die Tintenfische nicht zu stark füllen, da die Füllung sich beim Kochen ausdehnt.

Suppengewürze werden oft in
fertigen Bündeln verkauft.

Zutaten wie Fischsauce sollten
sorgfältig abgemessen werden,
da sie sehr kräftig schmecken.

TOM KHAA KAI

KOKOSSUPPE MIT HUHN UND GALGANT

DER NAME DIESER KLASSISCHEN THAILÄNDISCHEN SUPPE BEDEUTET ›GEKOCHTES GALGANT-HUHN‹.
DENNOCH KANN DIE SUPPE AUCH MIT GARNELEN, FISCH ODER GEMÜSE ZUBEREITET WERDEN. WENN
DIE KOKOSMILCH GERINNT, IST DAS KEIN GRUND ZUR BESORGNIS, SONDERN ERWÜNSCHT.

750 ml Kokosmilch (Seite 279)
2 Stängel Zitronengras, nur das
   Weiße, in Quasten geschnitten
   oder zerdrückt
5 cm Galgant, in Stücke geschnitten
4 Schalotten, mit der Messerklinge
   zerdrückt
400 g Hühnerbrustfilet, enthäutet, in
   Scheiben geschnitten
2 EL Fischsauce
1 EL Palmzucker
200 g Kirschtomaten, größere in
   mundgerechte Stücke geschnitten
150 g Strohpilze oder Champignons
3 EL Limonensaft
6 Kaffirlimettenblätter, in Hälften
   gerissen
3–5 Vogelaugenchilis, ohne Stängel,
   zerdrückt, oder 2 lange rote Chilis
   ohne Samen, in feine Ringe
   geschnitten
einige Korianderblätter zum
   Garnieren

4 PORTIONEN

KOKOSMILCH mit Zitronengras, Galgant und
Schalotten in einem Topf oder im Wok bei mittlerer
Hitze zum Kochen bringen.

DAS Fleisch hinzufügen sowie Fischsauce und
Zucker und 5 Minuten unter ständigem Rühren
köcheln, bis das Huhn gar ist.

TOMATEN und Pilze hinzufügen und 2 bis
3 Minuten weiterköcheln. Wenige Sekunden vor
Ende der Garzeit Limonensaft, Limettenblätter und
Chilis hinzufügen. Die Tomaten sollen nicht zerfallen. Abschmecken. Diese Suppe sollte nicht
übertrieben scharf sein, sondern süß, salzig und
sauer schmecken. Mit Korianderblättern bestreut
servieren.

TOM YAM KUNG
SCHARF-SAURE GARNELENSUPPE

DIESE SUPPE IST VERMUTLICH DAS BEKANNTESTE THAI-GERICHT ÜBERHAUPT. SIE WIRD MEIST MIT GARNELEN ZUBEREITET, SCHMECKT ABER AUCH SEHR GUT MIT FISCH. DAS BERÜHMTE, TYPISCHE AROMA LÄSST SICH NUR MIT GANZ FRISCHEN, HOCHWERTIGEN ZUTATEN ERREICHEN.

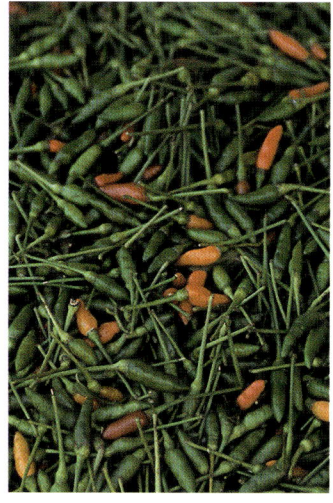

350 g rohe Garnelen
1 EL Öl
3 Stängel Zitronengras, nur das
  Weiße, zerdrückt
3 dünne Scheiben Galgant
2 l Hühnerbrühe oder Wasser
5–7 Vogelaugenchilis, ohne Stängel,
  zerdrückt
5 Kaffirlimettenblätter, in Stücke
  gerissen
2 EL Fischsauce
70 g Strohpilze oder geviertelte
  Champignons
2 Frühlingszwiebeln, in Ringe
  geschnitten
3 EL Limonensaft
  einige Korianderblätter zum
  Garnieren

4 PORTIONEN

DIE Garnelen putzen, dabei die Schwänze nicht entfernen, die Köpfe und Schalen beiseite legen. Das Öl in einem großen Topf oder im Wok erhitzen und darin die Garnelenköpfe und -schalen 5 Minuten anbraten, bis die Schalen leuchtend orange werden.

DAZU einen Stängel Zitronengras, Galgant und Brühe oder Wasser geben. Aufkochen, die Hitze reduzieren und 20 Minuten ziehen lassen. Die Brühe durchseihen und wieder in den Topf füllen. Garnelenschalen und Gewürze wegwerfen.

DAS restliche Zitronengras in feine Scheiben schneiden und mit den Chilis, den Limettenblättern, der Fischsauce, den Pilzen und den Frühlingszwiebeln in die Brühe geben. 2 Minuten köcheln lassen.

DIE Garnelen hinzufügen und 3 Minuten weitergaren, bis die Garnelen fest und rosa sind. Vom Herd nehmen und den Limonensaft hinzugeben. Bei Bedarf mit Limonensaft oder Fischsauce abschmecken. Mit Korianderblättern garnieren.

GLASNUDELSUPPE MIT KLÖSSCHEN

DIESE LEICHTE, KLARE SUPPE AUS DEM NORDEN THAILANDS WIRD IM GEGENSATZ ZU ANDEREN NUDELGERICHTEN IMMER MIT REIS GEGESSEN. DIE WÄRMENDE SUPPE IST LEICHT ZUZUBEREITEN. DIE NUDELN SAUGEN DIE FLÜSSIGKEIT AUF, DAHER SOLLTE DIE SUPPE SOFORT SERVIERT WERDEN.

15 getrocknete Shiitake-Pilze
50 g Glasnudeln
2 EL Pflanzenöl
3–4 große Knoblauchzehen, fein
    gehackt
450 g grob gehacktes Schweine-
    fleisch
20 Korianderblätter, fein gehackt
1/4 TL Salz
1/4 TL gemahlener weißer Pfeffer
625 ml Gemüse- oder Hühnerbrühe
2 EL helle Sojasauce
1 EL eingemachter Rettich
einige Korianderblätter zum
    Garnieren

4 PORTIONEN

DIE Pilze 5 Minuten in heißem Wasser einweichen. Abgießen und bei Bedarf in kleinere Stücke schneiden.

DIE Glasnudeln 5 bis 7 Minuten in heißem Wasser einweichen. Gut abtropfen lassen und in kleine Stücke schneiden.

DAS Öl in einem kleinen Wok oder einer Pfanne erhitzen, den Knoblauch unter Rühren hell golden anbraten. Von der Platte nehmen und den Knoblauch mit dem Schaumlöffel herausholen, abtropfen lassen.

IN einer Schüssel das Fleisch mit Koriander, Salz und Pfeffer mischen. Mit einem Löffel oder feuchten Händen aus der Mischung etwa 1 cm große Bällchen formen.

DIE Brühe in einem Topf zum Kochen bringen. Die Sojasauce und den Rettich hineingeben. Die Hackfleischbällchen hinzufügen und bei mittlerer Hitze 2 Minuten garen. Die Pilze und Nudeln hinzufügen und unter häufigem Rühren weitere 1 bis 2 Minuten kochen. Abschmecken. Mit gebratenem Knoblauch, Knoblauchöl und Korianderblättern garniert servieren.

Muskelkraft gegen Motoren in Chiang Mai.

TOM YAM TAO-HUU

AROMATISCHE TOFU-TOMATEN-SUPPE

TOFU ODER SOJAQUARK IST IN VERSCHIEDENEN VARIATIONEN ERHÄLTLICH, VON WEICH BIS ZIEMLICH FEST. DER BESONDERS WEICHE SEIDENTOFU HAT DIE BESTE KONSISTENZ FÜR DIESE SUPPE. DIE KRÄFTIGEN GEWÜRZE BILDEN EINEN PERFEKTEN KONTRAST.

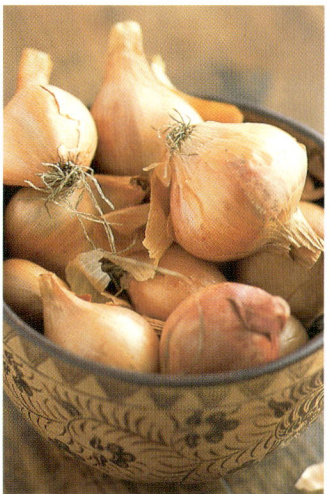

PASTE
1/2 TL getrocknete Garnelenpaste
1 EL kleine getrocknete Garnelen
4 Schalotten, grob gehackt
1/2 TL weiße Pfefferkörner
2 Korianderwurzeln
1 Knoblauchzehe, gehackt
2 TL geriebenen Ingwer

1 EL Pflanzenöl
750 ml Hühnerbrühe oder Wasser
3 EL Tamarindenmus
1 EL Palmzucker
2 EL Fischsauce
3 cm Ingwer, in feine Streifen geschnitten
3 Schalotten, mit der Messerklinge zerdrückt
300 g Seidentofu, in 2 cm große Würfel geschnitten
2 Tomaten, in je 8 Spalten geschnitten
1 EL Limonensaft
2 EL Korianderblätter zum Garnieren

4 PORTIONEN

FÜR die Paste im Mörser oder Mixer Garnelenpaste, Garnelen, Schalotten, Pfefferkörner, Korianderwurzeln, Knoblauch und Ingwer pürieren.

BEI schwacher Hitze das Öl in einem Topf erhitzen, die Paste hinzufügen und unter ständigem Rühren 10 bis 15 Sekunden anbraten. Die Brühe oder das Wasser angießen, Tamarindenmus, Palmzucker, Fischsauce und Ingwer hinzufügen. 5 Minuten köcheln, bis der Ingwer gar ist.

SCHALOTTEN, Tofu, Tomaten und Limonensaft hinein geben und in 2 bis 3 Minuten durcherhitzen. Mit Korianderblättern garnieren.

Die Zutaten im Mörser zu einer Paste verarbeiten, mit dem Hühnerfleisch mischen und Bällchen formen.

GEMÜSESUPPE MIT GARNELEN UND HUHN

DIESE MILDE SUPPE SOLLTE ZU EINER MAHLZEIT MIT WEITEREN HAUPTGERICHTEN SERVIERT WERDEN. MILDE SUPPEN NEHMEN DEN CHILIGERICHTEN ETWAS VON IHRER SCHÄRFE. DAS HÜHNERFLEISCH KANN AUCH DURCH SCHWEINEFLEISCH ERSETZT WERDEN. EINE GUTE BRÜHE IST WICHTIG.

175 g rohe Garnelen
2 Korianderwurzeln, fein gehackt
2 Knoblauchzehen, grob gehackt
1 Prise gemahlener weißer Pfeffer, Pfeffer zum Bestreuen
150 g Hühnerhackfleisch
$1/2$ Frühlingszwiebel, fein gehackt
935 ml Hühner- oder Gemüsebrühe
2 EL helle Sojasauce
2 TL eingemachter Rettich
175 g Kürbis, in 2,5 cm große Würfel geschnitten
175 g Chinakohl, grob gehackt
einige Korianderblätter zum Garnieren

4 PORTIONEN

DIE Garnelen putzen und auf der Rückseite einschneiden, sodass die Unterseite und der Schwanz noch zusammen sind. Den Schwanz nicht entfernen.

IM Mörser oder einem Mixer Korianderwurzeln, Knoblauch, Pfeffer und eine Prise Salz zu einer Paste verarbeiten. Diese in einer Schüssel mit dem Fleisch und der Frühlingszwiebel mischen. Mit einem Löffel oder nassen Händen etwa 1 cm große Bällchen aus der Masse formen.

DIE Brühe in einem Topf bis zum Siedepunkt erhitzen. Sojasauce, Rettich und Fleischbällchen hineingeben und bei mittlerer Hitze in 1 bis 2 Minuten garen.

DEN Kürbis hinzufügen und weitere 2 bis 3 Minuten kochen. Die Garnelen und den Chinakohl hinzufügen und weitere 1 bis 2 Minuten kochen. Abschmecken. Mit Korianderblättern garnieren. Mit gemahlenem weißem Pfeffer bestreuen.

KAENG SOM PLA KUP PHAK BUNG
SAURE FISCHSUPPE MIT WASSERSPINAT

DIESE SUPPE WIRD IN THAILAND GERN ZU HAUPTMAHLZEITEN GEGESSEN. DER FISCH KANN DURCH

FLEISCH ERSETZT WERDEN. STATT WASSERSPINAT LÄSST SICH AUCH SPINAT VERWENDEN.

SAURE CURRYPASTE
3 Knoblauchzehen, grob gehackt
3 Vogelaugenchilis, ohne Stiele
1 Schalotte, gehackt
1 TL geriebener Galgant
1 TL geriebener Kurkuma (oder eine
  Prise getrockneter)
1 TL Garnelenpaste

175 g gehäutetes weißes Fischfilet
3 EL Tamarindenmus
175 g Wasserspinat, in Stücke
  geschnitten, Blätter getrennt
1 EL Fischsauce
1 EL Zucker

4 PORTIONEN

FÜR die saure Currypaste alle Zutaten im Mörser oder Mixer glatt pürieren.

MIT einer Pinzette alle verbliebenen Gräten aus dem Fisch entfernen, dann das Filet in 5 cm große Stücke schneiden.

IN einem Topf 625 ml Wasser zum Kochen bringen. Die Currypaste hineinrühren und auf mittlere Hitze zurückschalten. Tamarinde, Wasserspinatstiele, Fischsauce und Zucker hinzufügen und 2 bis 3 Minuten kochen. Den Fisch hinzugeben und weitere 1 bis 2 Minuten kochen. Die Wasserspinatblätter hinzugeben und vorsichtig mischen. Abschmecken. In eine Schüssel füllen und heiß mit Reis servieren.

REISSUPPE MIT FISCHFILET

KHAO TOM PLAA
REISSUPPE MIT FISCHFILET

2 EL Pflanzenöl
3–4 große Knoblauchzehen, fein
  gehackt
1,25 l Gemüse-, Hühner- oder
  Fischbrühe
2 ½ EL helle Sojasauce
2 TL eingemachter Rettich
245 g gekochter Jasminreis
280 g gehäutetes weißes Fischfilet,
  in kleine Stücke geschnitten
1 EL Ingwer, in feine Scheiben
  geschnitten
3 Frühlingszwiebeln, fein gehackt,
  zum Garnieren
einige Korianderblätter, zum
  Garnieren
weißer Pfeffer, zum Bestreuen

4 PORTIONEN

DAS Öl in einem kleinen Wok oder einer Pfanne erhitzen und den Knoblauch unter Rühren goldbraun braten. Vom Herd nehmen, den Knoblauch wegwerfen.

DIE Brühe in einem Topf zum Kochen bringen. Sojasauce, Rettich und Reis hinzufügen und bei mittlerer Hitze 2 bis 3 Minuten kochen. Fisch und Ingwer hinzugeben und weitere 1 bis 2 Minuten kochen, bis der Fisch gar ist. Kräftig würzen und abschmecken.

MIT Frühlingszwiebel und Korianderblättern garnieren, mit Pfeffer bestreuen und mit Knoblauchöl beträufeln.

Zitronengras, Korianderwurzeln,
Fischsauce, Currypaste, Chilis
und Brühe in den Topf geben.

TOM YAM THELAH

SCHARF-SAURE SUPPE MIT MEERESFRÜCHTEN

DIE MEERESFRÜCHTE KÖNNEN NACH GESCHMACK KOMBINIERT WERDEN, MÜSSEN ABER ABSOLUT
FRISCH SEIN, DAMIT DIE SUPPE WIRKLICH KÖSTLICH SCHMECKT. DURCH DIE CURRYPASTE WIRD DIE
BRÜHE WENIGER KLAR ALS MIT GETROCKNETEN CHILIS, SIE SCHMECKT ABER BESSER.

600 g gemischte frische
  Meeresfrüchte wie Garnelen,
  Tintenfisch, Miesmuscheln,
  weißes Fischfilet und
  Kammmuscheln
1 l Gemüsebrühe
3 x 4 cm Zitronengras, nur das
  Weiße, zu Quasten geschnitten
  oder zerdrückt
6 Korianderwurzeln, zerdrückt
2–2 ½ EL Fischsauce
1½–2 EL Chiang-Mai-Currypaste
  (Seite 272), nach Geschmack,
  oder 2 getrocknete rote Chilis,
  eingeweicht, abgetropft und fein
  gehackt
2–3 Vogelaugenchilis, zerdrückt
2 Schalotten, mit der Messerklinge
  zerdrückt
110 g Strohpilze oder gemischte
  Pilze, kleine Pilze ganz, große
  geviertelt
150 g Babytomaten (etwa 12,
  größere halbiert) oder mittelgroße
  Tomaten, in je 6 Stücke geschnitten
8 Limettenblätter, zerrissen
3 EL Limonensaft

4 PORTIONEN

DIE Garnelen schälen und putzen, entlang der
Rückseite aufschneiden (Vorderseite und Schwanz
zusammenlassen).

DIE Tintenfischkörper enthäuten, das Innere aus-
spülen und in 5 mm breite Ringe schneiden. Sehr
große Tintenfischkörper halbieren und die Innenseite diagonal einritzen, sodass ein Karomuster
entsteht. Die Körper in 2 cm große Quadrate
schneiden. Dunkle Adern aus den Kammmuscheln
entfernen.

DIE Miesmuscheln abbürsten und die Bärte entfernen. Alle offenen Muscheln und die, die sich
nicht schließen, wenn sie auf die Arbeitsfläche
gestoßen werden, entfernen. Den Fisch in 2 cm
große Würfel schneiden.

ZITRONENGRAS, Korianderwurzeln, Fischsauce,
Currypaste, Chilis und Brühe in einem großen Topf
zum Kochen bringen.

AUF mittlere Hitze reduzieren, die Meeresfrüchte
hinzugeben und 2 bis 3 Minuten kochen.
Schalotten, Pilze, Tomaten und Limettenblätter
hinzufügen und weitere 2 bis 3 Minuten kochen;
die Tomaten dürfen dabei nicht zerfallen. Gekochte
Miesmuscheln nach den Tomaten hinzugeben.
Abschmecken und Limonensaft hinzufügen. In
eine Servierschüssel füllen.

KAENG JEUT TAO-HUU SAI KUNG

SUPPE MIT GEFÜLLTEM TOFU UND GARNELEN

DIESES REZEPT IST ETWAS AUFWÄNDIG, LOHNT ABER DIE MÜHE. DEN TOFU NICHT ZU STARK FÜLLEN, DA ER SONST BEIM KOCHEN EXPLODIERT. WIE FÜR ANDERE »MILDE« SUPPEN EINE GUTE BRÜHE VERWENDEN. DER GEFÜLLTE TOFU KANN AUCH GEBRATEN UND SEPARAT SERVIERT WERDEN.

275 g Garnelen
2 Korianderwurzeln, grob gehackt
2 Knoblauchzehen, grob gehackt
1/4 TL Salz
1 EL Maismehl
1/4 TL gemahlener weißer Pfeffer
320 g fester Tofu
1,5 l Gemüsebrühe
2,5 cm Ingwer, in Scheiben geschnitten
4 EL helle Sojasauce
1 TL eingemachter Rettich
5 Frühlingszwiebeln, in Rauten geschnitten, zum Garnieren

4 PORTIONEN

DIE Garnelen schälen und putzen. Etwa 80 g beiseite legen, die anderen entlang der Rückseite aufschneiden (Vorderseite und Schwanz zusammenlassen).

IM Mixer Koriander mit Knoblauch glatt pürieren. Die nicht aufgeschnittenen Garnelen mit Salz, Maismehl und weißem Pfeffer hinzufügen und so glatt wie möglich pürieren. Nach Wunsch können die Korianderwurzeln mit dem Knoblauch vorher im Mörser zerstoßen werden, bevor sie mit den Garnelen püriert werden. Das ergibt einen etwas besseren Geschmack.

DEN Tofu abtropfen lassen und in 16 Dreiecke schneiden. Die Dreiecke an der langen Seite mit dem Messer aufschneiden. Etwas Garnelenmasse in die Öffnung geben und vorsichtig zudrücken. Wiederholen, bis Tofu und Füllung aufgebraucht sind.

DIE Brühe in einem Topf zum Kochen bringen. Auf schwache Hitze reduzieren, Ingwer, Sojasauce und Rettich hinzufügen. Die Tofutaschen in die Brühe geben und in 4 bis 5 Minuten garen. Die aufgeschnittenen Garnelen hinzugeben und weitere 1 bis 2 Minuten kochen, bis die Garnelen sich öffnen und rosa werden. Abschmecken. Mit Frühlingszwiebeln garniert servieren.

Etwas Garnelenmischung in die Tofutaschen geben und diese vorsichtig in die Brühe legen.

Ein Geisterhaus in Damnoen Saduak.

SALATE

Von der Pomelo das obere Ende abschneiden, bevor die Frucht in Spalten zerlegt wird.

Pomelos schälen in Pattaya

YAM SOM OH
POMELO-GARNELEN-SALAT

DIESER NORDTHAILÄNDISCHE SALAT ERHÄLT SEINEN SÜSS-SCHARFEN GESCHMACK VON DER POMELO, EINER ZITRUSFRUCHT ÄHNLICH DER PAMPELMUSE. IN THAILAND GIBT ES POMELOSORTEN MIT ROSA UND SOLCHE MIT GELBEM FRUCHTFLEISCH. DER SALAT WIRD MIT KLEBREIS SERVIERT.

1 große Pomelo (oder Pampelmuse)
1 EL Fischsauce
1 EL Limonensaft
1 EL Zucker
1 EL Chiligelee (Seite 283)
300 g rohe, mittelgroße Garnelen, geschält, ohne Darm, mit Schwänzen
3 EL gehackte frische Kokosnuss, golden angeröstet (falls nicht erhältlich, getrocknete Kokosraspeln verwenden)
3 Schalotten, in dünne Ringe geschnitten
5 Vogelaugenchilis, zerdrückt
20 g Minzeblätter
10 g Korianderblätter
1 EL getrocknete Schalotten

4 PORTIONEN

ZUM Schälen der Pomelo am oberen Ende ein kreisförmiges, etwa 2 cm dickes (entsprechend der Schalendicke) Stück abschneiden. Die Haut mit vier tiefen Einschnitten von oben nach unten in vier Segmente teilen. Die Segmente einzeln abziehen. Die restliche weiße Haut entfernen und die Frucht in Spalten teilen. Die Spalten enthäuten, entkernen und in Stücke zerlegen, aber weder zerdrücken noch Saft freisetzen.

FÜR das Dressing die Fischsauce mit Limonensaft, Zucker und Chiligelee in einer kleinen Schüssel verrühren.

IN einem großen Topf Wasser aufkochen. Die Garnelen hinzugeben und 2 Minuten kochen. Abgießen und abkühlen lassen.

IN einer großen Schüssel die Pomelo vorsichtig mit Garnelen, Kokosnuss, Schalotten, Chilis, Minze und Koriander mischen. Vor dem Servieren das Dressing über den Salat geben und alles vorsichtig vermischen. Mit den gebratenen Schalotten bestreuen.

YAM PLAA

KNUSPRIGER FISCHSALAT

DER FISCH (TRADITIONELL EIN WELS) VERWANDELT SICH MIT DIESEM REZEPT IN KNUSPRIGE FLOCKEN UND WIRD MIT EINEM SÜSS-SCHARF-SAUREN DRESSING GEWÜRZT. STATT WEISSEM FISCHFILET KANN AUCH ROSA LACHS VERWENDET WERDEN.

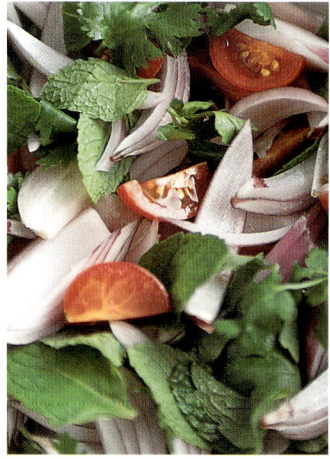

1 Stängel Zitronengras, nur das
  Weiße, grob gehackt
4 Vogelaugenchilis, ohne Stiele
1 Knoblauchzehe, gehackt
1 EL Fischsauce
2 EL Limonensaft
2 TL Palmzucker
1/4 TL gemahlener Kurkuma

300 g gehäutetes, festes weißes
  Fischfilet
1 EL Meersalz
Erdnussöl zum Frittieren
3 Tomaten oder große
  Kirschtomaten, in je 4 oder 6
  Spalten geschnitten
2 Schalotten, in dünne Ringe
  geschnitten
1 kleine rote Zwiebel, in dünne
  Spalten geschnitten
15 g Korianderblätter
18–24 Minzeblätter
2 EL geröstete Erdnüsse, grob
  gehackt

4 PORTIONEN

FÜR das Dressing Zitronengras, Chili und Knoblauch im Mörser oder Mixer zu einer Paste verarbeiten. In einer Schüssel mit Fischsauce, Limonensaft, Zucker und Kurkuma vermischen. Den Zucker unter Rühren auflösen.

DEN Backofen auf 180 °C vorheizen. Das Fischfilet trocknen und im Meersalz wenden. Auf einen Rost im Backblech legen und 20 Minuten backen. Abkühlen lassen und mit der Küchenmaschine zerhacken, bis der Fisch an große Brotkrumen erinnert.

EINEN Wok zur Hälfte mit Öl füllen und bei sehr starker Hitze erhitzen. Ein Stück Fisch in das Öl fallen lassen. Wenn es sofort zischt, ist das Öl heiß genug. Eine große Kelle voll Fisch in das heiße Öl geben. Der Fisch wird luftig und knusprig. 30 Sekunden frittieren und vorsichtig umrühren. In weiteren 30 Sekunden goldbraun braten. Mit einem Schaumlöffel herausnehmen und auf Küchenpapier abtropfen lassen. Auf diese Weise den restlichen Fisch frittieren.

TOMATEN, Schalotten, Zwiebel, Koriander, Minze und Erdnüsse in eine Schüssel mit der Hälfte des Dressings geben. Den Salat auf einer Platte anrichten. Den Fisch eventuell weiter zerteilen und auf den Salat legen. Damit der Fisch knusprig bleibt, das restliche Dressing erst direkt vor dem Servieren angießen.

Dieser köstliche Salat lebt von seinen lebhaften Kontrasten in Geschmack und Farbe.

Die Zutaten für die Chilipaste je nach Vorliebe im Mörser oder Mixer pürieren.

HÜHNERSALAT MIT PAPAYA

DAS IST EINER DER IN THAILAND BELIEBTEN SCHARFEN SALATE UND ENTHÄLT KOKOSREIS, DER ABER AUCH GETRENNT SERVIERT WERDEN KANN. DIE PAPAYA MUSS GRÜN SEIN, AUF KEINEN FALL REIF, SONST SCHMECKT DER SALAT NICHT.

250 ml dicke Kokosmilch
   (Seite 279)
200 g gehäutetes Hühnerbrustfilet
200 g Jasminreis
350 ml dünne Kokosmilch
   (Seite 279)
2 Knoblauchzehen, gehackt
3 Schalotten, gehackt
3 kleine rote Chilis
1 EL kleine getrocknete Garnelen
2 EL Fischsauce
8 Kirschtomaten, halbiert
150 g grüne Papaya, gerieben
2 EL Limonensaft
30 g Minzeblätter, grob gehackt
20 g Korianderblätter, grob gehackt

4 PORTIONEN

DIE dicke Kokosmilch in einem kleinen Topf aufkochen. Die Hühnerbrust hineingeben und 5 Minuten bei schwacher Hitze köcheln. Die Platte ausschalten und den Topf 20 Minuten zugedeckt stehen lassen. Das Fleisch herausnehmen und durch den Fleischwolf drehen.

DEN Reis unter fließendem kaltem Wasser waschen, bis das Wasser klar abläuft. Reis und dünne Kokosmilch in einem kleinen Topf zum Kochen bringen. Die Hitze reduzieren, den Topf dicht verschließen und 20 Minuten köcheln lassen. Vom Herd nehmen und bis zum Servieren zugedeckt stehen lassen.

IM Mörser oder Mixer Knoblauch, Schalotten und Chili pürieren. Garnelen und Fischsauce hinzufügen, die getrockneten Garnelen zerstoßen. Die Tomaten hinzufügen und alles zu einer groben Paste mixen.

IN einer Schüssel Hühnerfleisch mit Chilipaste, Papaya, Limonensaft, Minze und Koriander mischen. Mit dem heißen Kokosreis servieren.

YAM HUA PLII
HÜHNERSALAT MIT BANANENBLÜTE

BANANENBLÜTEN SEHEN WIE ÜBERGROSSE VIOLETTE KNOSPEN AUS. DER GRÖSSTE TEIL WIRD NICHT

VERWENDET, NUR DAS LEICHT BITTERE HERZ WIRD GEGESSEN. DIE BLÜTE VERFÄRBT SICH IN WENI-

GEN SEKUNDEN UND MUSS DAHER SCHNELL VERARBEITET WERDEN.

3 EL Limonensaft
1 große Bananenblüte
250 ml dicke Kokosmilch
 (Seite 279)
200 g gehäutetes Hühnerbrustfilet
1 EL Chiligelee (Seite 283)
1 EL Fischsauce
1 EL Palmzucker
2 TL Limonensaft
12 Kirschtomaten, halbiert
20 g Minzeblätter
10 g Korianderblätter
1 Limettenblatt, fein gehackt, zum
 Garnieren

4 PORTIONEN

DEN Limonensaft in eine große Schüssel kaltes Wasser füllen. Mit einem Edelstahlmesser die äußeren Blätter der Bananenblüte entfernen, bis das cremefarbene Herz zu sehen ist. Das Herz vierteln, die harten Kerne und Staubblätter entfernen. Das fleischige Herz schräg in dünne Scheiben schneiden, diese in das Limonenwasser legen.

VON der dicken Kokosmilch 2 EL beiseite stellen, den Rest in einem kleinen Topf aufkochen. Die Hühnerbrust hineingeben, nochmals aufkochen und 5 Minuten bei schwacher Hitze köcheln lassen. Vom Herd nehmen und den Topf 20 Minuten dicht verschlossen stehen lassen. Das Fleisch herausnehmen und die Kokosmilch weggießen. Das Fleisch abgekühlt in mundgerechte Stücke hacken.

IN einer kleinen Schüssel die restliche Kokosmilch mit Fischsauce, Limonensaft, Palmzucker und Chiligelee in verrühren.

VOR dem Servieren die Bananenblüte abgießen und mit dem Huhn, den Tomatenhälften, der Minze und dem Koriander in eine große Schüssel gießen. Das Dressing über den Salat geben und alles vorsichtig mischen. Mit dem Limettenblatt garnieren.

Die äußeren Blätter der Bananenblüte entfernen, bis das helle Zentrum sichtbar wird.

YAM PUU MAMUANG

KREBSSALAT MIT GRÜNER MANGO

2 EL Fischsauce

2 EL Limonensaft

2 TL Palmzucker

2 grüne Vogelaugenchilis, gehackt

2 rote Vogelaugenchilis, gehackt

1 TL gemahlene getrocknete
Garnelen

300 g frisches Krebsfleisch

30 g gehackte Minzeblätter

20 g gehackte Korianderblätter

4 Schalotten, in dünne Ringe
geschnitten

1 grüne Mango, fein gehackt

1 Tomate, halbiert und in dünne
Scheiben geschnitten

1 große grüne Chili, schräg in dünne
Ringe geschnitten

4 PORTIONEN

FÜR das Dressing die Fischsauce mit Limonen-saft, Palmzucker, Vogelaugenchili und getrock-neten Garnelen in einer kleinen Schüssel ver-rühren.

VOR dem Servieren das Krebsfleisch mit Tomate, Minze, Koriander, Schalotten und Mango in einer großen Schüssel vorsichtig vermischen.

DAS Dressing über den Salat gießen, gut unterhe-ben und mit den Chiliringen garniert servieren.

YAM PLAA YAANG

SCHARF-SAURER SALAT MIT GEGRILLTEM FISCH

2 Makrelen oder Weißfische
(je ca. 400 g), geputzt, oder festes weißes Fischfilet

2 Stängel Zitronengras, nur das
Weiße, in dünnen Ringen

2 Schalotten, in dünnen Ringen

1 Frühlingszwiebel, in dünnen
Ringen

2,5 cm Ingwer, in dünne Scheiben
geschnitten

5 Limettenblätter, in dünne
Scheiben geschnitten

20 g Minzeblätter

5 EL Limonensaft

1 EL Fischsauce

4–5 Vogelaugenchilis, in dünnen
Ringen

einige Salatblätter

1 lange rote Chili, entkernt, in dünnen Ringen

4 PORTIONEN

DEN Grill auf mittlere Hitze vorheizen. Beim Elektrogrill die Saftschale mit Folie auslegen. Den Fisch etwa 20 Minuten pro Seite grillen, bis er gar und leicht gebräunt ist. Es gibt spezielle fisch-förmige Roste, die sich wie eine Zange öffnen, sodass das Drehen der Fische auf dem Grill leich-ter fällt.

MIT der Hand Fischköpfe, Rückgrat und alle Gräten entfernen. Den Fisch mit Haut in mund-gerechte Stücke teilen und in eine Schüssel geben.

ZITRONENGRAS, Schalotten, Frühlingszwiebel, Ingwer, Limettenblatt, Minze, Limonensaft, Fisch-sauce und Chili zum Fisch geben. Gut mischen und abschmecken.

EINE Platte mit Salatblättern auslegen und den Salat darauf verteilen. Mit Chiliringen garnieren.

SCHARF-SAURER SALAT MIT
GEGRILLTEM FISCH

LAAP PET
WÜRZIGE GEHACKTE ENTE

LAAP BEDEUTET GLÜCK. DIESE VERSION MIT ENTE IST EINE SPEZIALITÄT AUS DER GEGEND VON UBON RACHATHANI; MAN KANN ABER AUCH HÜHNERFLEISCH VERWENDEN. LAAP WIRD MIT ROHEM GEMÜSE WIE SPARGELBOHNEN, KOHL UND KNACKIGEM KOPFSALAT SERVIERT.

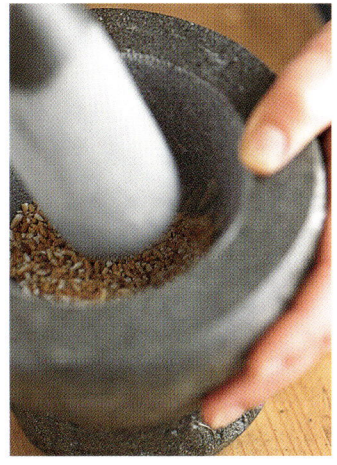

1 EL Jasminreis
280 g gehacktes Entenfleisch
3 EL Limonensaft
1 EL Fischsauce
2 Stängel Zitronengras, nur das
   Weiße, in Ringe geschnitten
50 g Schalotten, in dünne Ringe
   geschnitten
5 Kaffirlimettenblätter, in dünne
   Scheiben geschnitten
5 Frühlingszwiebeln, fein gehackt
$^1/_4$ – $^1/_2$ TL geröstetes Chilipulver,
   nach Geschmack
einige Salatblätter
einige Minzeblätter, zum Garnieren
Gemüse wie Spargelbohnen, in
   Stücken, Gurkenscheiben, dünne
   Kohlspalten, halbe Babytomaten,
   zum Servieren

DEN Reis bei mittlerer Hitze in einer trockenen Pfanne rösten. Die Pfanne ständig schütteln, bis der Reis nach 6 bis 8 Minuten braun ist. Im Mörser oder Mixer den Reis fast zu Pulver verarbeiten.

IN einem Topf oder Wok die Ente mit Limonensaft und Fischsauce bei starker Hitze kochen. Das Fleisch rühren, bis es in kleine Bröckchen zerfällt. Garen, bis es hell braun wird. Trocknen und vom Herd nehmen.

REISPULVER, Zitronengras, Schalotten, Limettenblätter, Frühlingszwiebeln und Chilipulver zur Ente geben und verrühren. Abschmecken.

EINE Platte mit Salatblättern auslegen. Die Ente darauf verteilen und mit der Minze garnieren. Das Gemüse auf einer zweiten Platte anrichten.

Den gerösteten Reis im Mörser zu Pulver zerstoßen oder im Mixer pürieren.

Glasnudeln und Pilze zu den Meeresfrüchten geben, dann erst die Gewürze.

Muscheln ausladen in Pattaya.

YAM WUN SEN THALEH

GLASNUDELN MIT MEERESFRÜCHTEN

DAS IST EIN MILDER KLASSISCHER SALAT. OFT WIRD ER NUR MIT GARNELEN ZUBEREITET, HIER MIT VERSCHIEDENEN MEERESFRÜCHTEN. DAS DRESSING WIRD SCHNELL AUFGENOMMEN, DAHER SOLLTE DER SALAT NICHT ZU LANGE VORHER ZUBEREITET WERDEN.

110 g Glasnudeln
175 g rohe, mittelgroße Garnelen, Tintenfischkörper und Kamm-muscheln
8 Miesmuscheln
15 g getrocknete Shiitake-Pilze (eine halbe Hand voll)
1 ½ EL Pflanzenöl
4–5 Knoblauchzehen, fein gehackt
3 EL Limonensaft
1 EL Fischsauce
2 Stängel Zitronengras, nur das Weiße, in feine Scheiben geschnitten
3 Schalotte, in dünne Ringe geschnitten
¼ – ½ TL Chilipulver oder 2–3 Vogelaugenchilis, in dünne Ringe geschnitten
3 Frühlingszwiebeln, fein gehackt einige Salatblätter
1 lange rote Chili, entkernt, in dünne Ringe geschnitten

4 PORTIONEN

DIE Glasnudeln 1 bis 2 Minuten in kochendem Wasser einweichen, abgießen und grob hacken.

DIE Garnelen schälen und putzen, entlang der Rückseite aufschneiden (Vorderseite und Schwanz zusammenlassen).

DIE Tintenfischkörper enthäuten, das Innere aus-spülen und in 5 mm breite Ringe schneiden. Dunkle Adern aus den Kammmuscheln entfernen.

DIE Miesmuscheln abbürsten und die Bärte ent-fernen. Alle offenen Muscheln und die, die sich nicht schließen, wenn sie auf die Arbeitsfläche gestoßen werden, wegwerfen.

DIE Pilze 2 bis 3 Minuten in kochendem Wasser einweichen, abgießen und grob hacken.

DAS ÖL in einem kleinen Wok oder einer Pfanne erhitzen, den Knoblauch unter Rühren goldbraun braten und dann in eine kleine Schüssel füllen.

IN einem Topf oder Wok Garnelen, Tintenfisch und Miesmuscheln bei mittlerer Hitze mit Limonensaft und Fischsauce 1 bis 2 Minuten kochen, bis die Garnelen sich öffnen und rosa werden. Die Kamm-muscheln hinzugeben und 1 Minute kochen. Alle geschlossenen Miesmuscheln wegwerfen. Glas-nudeln und Pilze hinzugeben und weitere 1 bis 2 Minuten kochen, bis die Nudeln gar sind. Vom Herd nehmen.

ZITRONENGRAS, Schalotten, Chilipulver oder Chilis und Frühlingszwiebeln hinzufügen und gut mischen. Abschmecken.

EINE Platte mit Salatblättern auslegen und die Meeresfrüchte darauf verteilen. Mit Chiliringen und geröstetem Knoblauch garnieren.

YAM NEUA YANG NAHM TOKE

STEAKSTREIFEN IN SCHARF-SAURER SAUCE

YAM NEUA YANG NAHM TOKE HEISST WÖRTLICH »RINDFLEISCH AUF GLÜHENDEN KOHLEN GRILLEN,

BIS DER SAFT HERAUSTROPFT«. DIESER SALAT AUS NORDTHAILAND WIRD MIT KLEBREIS SERVIERT;

DAZU PASST BIER, MEKHONG-WHISKY ODER WEIN, ZUM SALAT ROHES GEMÜSE WIE Z. B. CHINAKOHL.

Den Grill vorheizen, dann das Fleisch auflegen.

350 g mageres Lenden-, Rump- oder Filetsteak
2 EL Fischsauce
4 EL Limonensaft
1 EL Zucker
$1/4$ TL geröstetes Chilipulver
3–4 Schalotten, in dünne Ringe geschnitten
einige Salatblätter, zum Servieren
20 g grob gehackte Koriander- blätter, zum Garnieren
15 g grob gehackte Minze zum Garnieren

4 PORTIONEN

DEN Grill auf mittlere Hitze vorheizen. Beim Elektrogrill die Saftschale mit Folie auslegen. Das Rindfleisch auf den Grill legen und beide Seiten mit Salz und Pfeffer bestreuen. Pro Seite 5 bis 7 Minuten grillen, gelegentlich wenden. Das Fett sollte abtropfen und das Fleisch so langsam garen, dass es saftig bleibt und nicht verbrennt. Mit einem scharfen Messer das Steak quer zur Faser in Streifen schneiden.

IN einer Schüssel Fischsauce, Limonensaft, Zucker und Chilipulver mischen. Die Schalotten und Rindfleischstreifen hinzufügen. Abschmecken.

EINE Platte mit Salatblättern auslegen und den Salat darauf verteilen. Mit Koriander und Minze bestreuen.

Reisfelder in Phetchabury.

TROPISCHE FRÜCHTE Obst wird in Thailand ganz oder in Stücken verkauft. In jedem Fall wird die Ware abgewogen. Jackfrucht *(Khanun)* *(oben links)* schmeckt nach Obstsalat. Die zähe, stachlige Schale wird entfernt. Darunter kommt das Fruchtfleisch in Spalten zum Vorschein *(unten links)*, aus denen die Samen entfernt werden. Rambutan *(Ngaw)*, *(oben)*, haben eine rote Schale mit weichen grünen Stacheln.

OBST

EINE AUSWAHL TROPISCHER FRÜCHTE *(PHON-LA-MAI)* GE-HÖRT IN THAILAND WIE SELBSTVERSTÄNDLICH ZUM ALLTAG. ES GIBT OBST ZUM FRÜHSTÜCK, ALS NACHTISCH, ALS IMBISS, UND ES GEHÖRT ZU VIELEN REZEPTEN. AUSSERDEM WIRD ES GETROCKNET, EINGELEGT ODER ZU SAFT VERARBEITET. AN JEDER STRASSENECKE GIBT ES OBST ZU KAUFEN.

Tropische Früchte wachsen in ganz Thailand. Eine Fahrt über Land führt an unzähligen Obstbäumen vorbei. Auch in der Stadt wird jeder Quadratmeter Land für einen oder zwei Ba-nanenpflanzen, einen Papaya- oder Mangobaum genutzt. Frisches Obst wird oft geschält und geschnitten, auf Holz-spießen in Plastiktüten verpackt verkauft. Meist gibt es dazu noch ein Tütchen mit Gewürzen. Die Thais mögen ausgewo-gene Gewürzmischungen, auch beim Obst. Salz, Zucker und etwas Chilipulver bringen das Aroma der Früchte erst richtig zur Geltung.

Obst wird in der Thai-Küche sehr häufig verwendet. Jack-frucht, Karambola, Mangostane, grüne Mangos und Litschis gehören in Currys. Salate werden mit grünen Mangos, Papa-

BANANEN *(Kluay)* In Thailand gibt es über 20 Bananensorten, die sehr unterschiedlich sind. Alle werden in der Küche verwendet. Sie werden auf schwimmenden Märkten verkauft, grüne Bananen reifen unter den Vordächern der Häuser nach. Die mittelgroße *Kluay naam waa* ist die typische Banane. Eierbananen *(Kluay khai)* werden anderswo als Zwergbananen bezeichnet. Zuckerbananen sind klein und süß.

yas oder Pomelostücken zubereitet. Bananen werden in der Schale gedünstet zum Frühstück gegessen oder an Straßenständen an Spießen über Holzkohle gegrillt. Zum Dessert gibt es Bananen – gebraten, in Kokosmilch gegart oder gegrillt, Klebreis mit Mango oder eingeweichtes Obst. Die moderne Küche hat auch Eiscremes und Sorbet integriert.

FRUCHTSÄFTE

An den Geschmack frischer Fruchtsäfte *(Naam pan)* müssen sich die Besucher in Thailand oft erst gewöhnen. So wie frisches Obst mit Chili, Zucker und Salz gewürzt wird, werden die Säfte mit Salz abgeschmeckt. Meist handelt es sich um gehackte Früchte, die mit Wasser, Eis und einer Prise Salz im Mixer püriert werden.

GESCHNITZTES OBST gehört zu den wichtigsten Tischdekorationen. Aus großen Früchten wie Papayas und Melonen schnitzt man komplizierte Blütenformen, aus kleineren oder halben Früchten entstehen kleine Blumen. Die Blätter schneidet man aus der Schale und das Ganze wird zu großen Arrangements aufgebaut. Ein geübter Schnitzer braucht für die Bearbeitung einer Melone etwa 20 Minuten.

KONSERVIERTES OBST *(phon-la-mai chaei im)*

In Thailand werden die verschiedensten Früchte durch Salzen, Einlegen, Kandieren oder Trocknen haltbar gemacht. Konserviertes Obst wird an Straßenständen in Tüten verkauft und ist ebenso gebräuchlich wie Bonbontüten im Westen.

DURIAN

Die berüchtigte Durian *(Thurian)* wird in Thailand sehnsüchtig erwartet. Sie »schmeckt wie der Himmel und riecht wie die Hölle«, was ihr einen einzigartigen Ruf verschafft hat. Der faulige Gestank kann wahre Kenner nicht davon abhalten, das saftige Fruchtfleisch zu genießen. Im Laufe des Jahres sind verschiedene Sorten erhältlich. Gibt es gerade keine frische Durian isst man gefriergetrocknete Chips oder Scheiben.

FRÜCHTE DER SAISON

Bananen, Guaven, Jackfrucht, Limonen, Wassermelonen, Orangen, Papayas, Pomelos und Ananas gibt es jederzeit. Europäisches Obst wird heute in kühleren Höhenlagen angebaut, vor allem nordwestlich und nördlich von Chiang Mai. Dort wachsen Pfirsiche, Kirschen und Äpfel, im Gewächshaus auch Erdbeeren, neben Litschis.

Im März kommen Mangos auf den Markt, im April Mangostanen und im Mai die Litschis. Die folgenden fünf Monate Cherimoya, Longans, Rambutans, Javaäpfel, Sapodilla, Karambola, Chinesische Datteln, Langsat, Santol und Salak werden reif. Im Winter ist man wieder auf die ganzjährigen und nicht heimischen Früchte angewiesen.

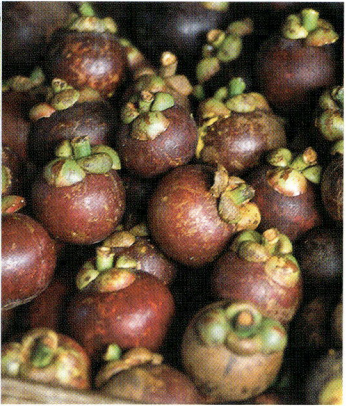

CHERIMOYA *(Nauy naa)* Die auch Zimtapfel genannte Frucht schmeckt süß. Im weichen, cremigen Fruchtfleisch stecken harte schwarze Samen.

ROTE PITAHAYA *(Keow mang korn)* Die besonders leuchtende Frucht hat knackiges, süßes, wässriges Fruchtfleisch und kleine schwarze Samen.

GUAVE *(Farang)* Die Guave hat duftendes Fleisch, das unreif adstringierend wirkt. Reif überwältigt das rosa oder weiße Fleisch alles andere Obst.

MANGOSTANE *(Mangkhut)* Die Früchte haben eine feste Schale und weiches, weißes, süßes Fleisch, das in Spalten geteilt ist. In jeder Frucht sind zwei Samen.

DURIAN *(Thurian)* Die Durian ist in Flugzeugen und öffentlichen Räumen verboten. Ohne den fauligen Geruch wäre ihr süßes Fleisch sicher viel beliebter.

KARAMBOLE *(Mafuang)* Sie wird wegen ihres Querschnitts auch Sternfrucht genannt und zu herzhaften oder süßen Gerichten gegessen.

GRÜNE MANGO *(Mamuang)* Wegen ihres sauren Geschmacks wird sie für herzhafte Gerichte wie Salate (Yam), Currys und Suppen verwendet.

SAPODILLA *(Lamut)* Die Früchte mit gelblicher Schale enthalten je drei oder vier flache schwarze Samen. Das Fleisch wird beim Reifen braun und süßer.

JAVAAPFEL *(Chom-phuu)* Knackiges Obst, das wegen der Struktur geschätzt und gern zu Dips wie *Naam phrik* oder herzhaften Gerichten serviert wird.

LANGSAT ODER DUKU *(Longkong)* Die Frucht wächst in Trauben. Die Schale umhüllt Spalten von durchscheinendem weißen Fleisch und grüne Samen.

POMELO *(Som-oh)* Die riesige Zitrusfrucht mit süßem, saftigem Fleisch wird aus der Hand gegessen oder in Spalten zerlegt und für Salate verwendet.

KAFFIRLIMETTE *(Luk ma-krut)* Auch Makrut-Limette genannt. Es wird hauptsächlich die Schale verwendet. Sie wird in Segmenten abgelöst.

FISCH & MEERESFRÜCHTE

Vor dem Füllen aus Paprika- und Chilischoten die Saatleisten entfernen.

Fischer in Phang-nga.

HAW MOK THALEH PHRIK YUAK

CURRYFISCH IN BANANENCHILIS GEDÄMPFT

DIESE CHILIS SIND MIT EINER FISCH-CURRYCREME GEFÜLLT. VERSCHIEDENE FARBEN MACHEN DAS GERICHT AUCH OPTISCH INTERESSANT. ROTE, GELBE UND ORANGE CHILIES VERFÄRBEN SICH WENIGER ALS GRÜNE. KLEINE PAPRIKASCHOTEN IN VERSCHIEDENEN FARBEN SIND AUCH GEEIGNET.

FISCHFÜLLUNG

4–5 getrocknete lange rote Chilis
3 Knoblauchzehen, grob gehackt
1–2 Schalotten, grob gehackt
4 Korianderwurzeln, grob gehackt
1 Stängel Zitronengras, nur das
  Weiße, in feine Scheiben
  geschnitten
1 cm Galgant, in dünne Scheiben
  geschnitten
1 TL Schale von der Kaffir-Limette
  oder 2 -blätter, in dünne Scheiben
  geschnitten
1 TL Garnelenpaste
$1/4$ TL Salz
275 g festes weißes Fischfilet, in
  1 cm große Stücke geschnitten
  oder kleine rohe Garnelen
  oder kleine Kammmuscheln
400 ml dünne Kokosmilch
  (Seite 279)
2 Eier
2 EL Fischsauce

20 Bananenchilis oder kleine
  Paprikaschoten, am besten längliche
2 Handvoll Anis-Basilikum
2 EL dicke Kokosmilch
3–4 Limettenblätter, in feine Streifen
  geschnitten, zum Garnieren
1 lange rote Chilli, entkernt, in dünne
  Ringe geschnitten, zum Garnieren

4 PORTIONEN

FÜR die Fischfüllung im Mörser oder Mixer Chilis, Knoblauch, Schalotten und Korianderwurzeln pürieren. Nacheinander Zitronengras, Galgant, Limettenschale, Garnelenpaste und Salz hinzufügen, sodass eine Currypaste entsteht.

IN einer Schüssel die Currypaste mit Fisch, Kokosmilch, Eiern und Fischsauce mischen. 10 Minuten in eine Richtung rühren, abdecken und 30 Minuten in den Kühlschrank stellen, bis die Masse etwas fest wird.

CHILIS oder längliche Paprikaschoten mit einem scharfen Messer der Länge nach einschneiden, von runden Paprikaschoten oben einen dünnen Ring abschneiden. Samen und Saatleisten entfernen, waschen und trockentupfen. In jede Schote einige Basilikumblätter legen. Mit der Fischmasse fast bis zum Rand füllen.

EINEN Wok oder Dämpftopf mit Wasser füllen und abgedeckt bei starker Hitze zum Kochen bringen. Chilis bzw. Paprikaschoten auf einen Teller legen. Dieser sollte auf den Rost eines Bambusdämpfkorbs oder auf den Dämpfeinsatz des Woks passen. Den Dämpfkorb oder -einsatz vorsichtig in den Topf oder Wok hängen und den Teller daraufstellen. Die Hitze reduzieren, nur noch köcheln lassen. Zugedeckt in 15 bis 20 Minuten garen. Nach 10 Minuten eventuell Wasser auffüllen.

DEN Herd abschalten und die Schoten auf eine Servierplatte legen. Die dicke Kokosmilch darauf verteilen, mit Limettenblättern und Chiliringen verzieren.

HAW MOK

IN BANANENBLÄTTERN GEDÄMPFTER FISCH

DIE KÖSTLICH AROMATISCHE FISCHFÜLLUNG FÜR DIESES GERICHT IST DIESELBE WIE AUF DER VOR-

HERIGEN SEITE. HIER WIRD DIE FISCHCREME IN EINZELNEN BANANENBLATTBECHERN GEDÄMPFT UND

SIEHT DAMIT AUCH GLEICH HERRLICH EXOTISCH AUS.

Bananenblätter
2 Handvoll Anis-Basilikum
Fischfüllung (Seite 104)
2 EL dicke Kokosmilch
3–4 Kaffirlimettenblätter, in dünne
   Scheiben geschnitten
1 lange rote Chilli, ohne Kerne,
   in dünne Ringe geschnitten,
   zum Garnieren

6 BANANENBECHER

Mit einer Schüssel als Schablone die Blätter zuschneiden. Mit Zahnstochern verbinden.

Die Bananenblätter für 10 bis 20 Sekunden in den heißen Backofen legen oder kurz blanchieren, damit sie nicht reißen. Die Blätter quer zur Faser in 12 Kreise von je 15 cm Durchmesser schneiden. Ein Stück so legen, dass die Faser längs verläuft, das zweite so darauflegen, dass die Faser quer dazu verläuft. 1 cm tief und 4 cm lang (4 cm vom Rand und nicht weiter) einschlagen und mit einem spitzen Zahnstocher feststecken. Gegenüber und an den Seiten wiederholen, sodass vier Falten entstehen. Den Boden möglichst flach formen. Auf diese Weise 6 Becher herstellen. In jeden Becher einige Basilikumblätter legen und zu drei Vierteln mit der Fischcreme füllen.

EINEN Wok oder Dämpftopf mit Wasser füllen und abgedeckt bei starker Hitze zum Kochen bringen. Die Bananenbecher auf einen Teller stellen. Dieser sollte auf den Rost eines Bambusdämpfkorbs oder auf den Dämpfeinsatz des Woks passen. (Wenn Ihr Wok oder Topf einen Dampfteller hat, auf dem die Becher flach stehen, wird der extra Teller nicht gebraucht.) Den Dämpfkorb oder -einsatz vorsichtig in den Topf oder Wok hängen und den Teller daraufstellen. Die Hitze reduzieren, nur noch köcheln lassen. Zugedeckt 15 bis 20 Minuten garen. Nach 10 Minuten eventuell Wasser auffüllen.

DIE Füllung geht beim Garen etwas auf. Den Herd ausschalten und die Becher auf eine Servierplatte stellen. Etwas dicke Kokosmilch darauf verteilen, mit Limettenblättern und Chiliringen verzieren.

Den Krebs vierteln, die Beine am Körper lassen. Die Kokosmilch-Mischung und Zwiebeln nach 5 Minuten zugeben.

Snackstand in Bangkok

PUU PHAT PHONG KARII

KREBS MIT CURRYPULVER

DIESES REZEPT IST EINS DER WENIGEN THAI-GERICHTE, DIE MIT CURRYPULVER GEWÜRZT WERDEN. FERTIGES CURRYPULVER (AM BESTEN EINE THAI-MARKE) IST IN DER REGEL SEHR GUT UND WIRD AUCH VON THAILÄNDISCHEN KÖCHEN VERWENDET; EIN REZEPT FINDEST SICH AUF SEITE 287.

1 frischer Krebs, 500 g
170 ml dünne Kokosmilch
(Seite 279)
1 EL helle Sojasauce
½ EL Austernsauce
2 TL Thai-Currypulver (Seite 287)
oder fertiges Thai-Currypulver
¼ TL Zucker
2 EL Pflanzenöl
3–4 Knoblauchzehen, fein gehackt
1 kleine Zwiebel, in 3 Spalten
geschnitten
2 Frühlingszwiebeln, in dünne Ringe
geschnitten
½ lange rote Chilli, entkernt,
in dünne Ringe geschnitten,
zum Garnieren
einige Korianderblätter,
zum Garnieren

4 PORTIONEN

DEN Krebs 1 Stunde in den Gefrierschrank legen. Die Beine am Körper lassen und den Krebs von Kopf bis Schwanz in der Mitte halbieren. Nochmal von rechts nach links halbieren (vierteln), mit Beinen an jedem Viertel. Die oberen Schalenteile abdrehen und entfernen. Den Magensack und das weiche Kiemengewebe wegschneiden. Mit einer Krebszange oder einem schweren Messerrücken die Scheren knacken. Halbieren, falls sie zu groß sind.

IN einer Schüssel Kokosmilch, helle Sojasauce, Austernsauce, Zucker und Chillipulver mischen.

DAS Öl im Wok oder in einer Pfanne erhitzen. Den Knoblauch bei mittlerer Hitze unter Rühren hellbraun braten. Den Krebs hinzugeben und weitere 4 bis 5 Minuten unter Rühren braten. Kokosmischung und Zwiebel zugeben und weitere 5 bis 7 Minuten unter Rühren braten, bis das Krebsfleisch gar und die Sauce dick eingekocht ist. Die Frühlingszwiebeln zugeben. Abschmecken. Auf einer Servierplatte mit Korianderblättern und Chiliringen verzieren.

NEUNG HAWY LAI KRA-CHAI
MUSCHELN MIT KRACHAI

450 g Venus- und Miesmuscheln,
   gemischt, in der Schale
75 g Krachai, in dünne Scheiben
   geschnitten
2,5 cm Galgant, in 7–8 Scheiben
   geschnitten
1 lange rote Chili, entkernt,
   fein gehackt
2 TL Fischsauce
1/2 TL Zucker
einige Thai-Basilikumblätter,
   zum Garnieren

2 PORTIONEN

DIE Muscheln abbürsten und die Bärte entfernen. Alle offenen Muscheln und die, die sich nicht schließen, wenn sie auf die Arbeitsfläche gestoßen werden, entfernen. Alle mehrmals in kaltem Wasser waschen, bis das Wasser klar abläuft; in eine große Schüssel geben und 30 Minuten in kaltem Wasser einweichen. So wird der Sand aus den Venusmuscheln entfernt.

MUSCHELN, Krachai, Galgant und gehackten Chili in einen großen Topf oder Wok abgedeckt bei mittlerer Hitze 5 Minuten garen; die Pfanne öfter schütteln. Fischsauce und Zucker unterheben. Alle geschlossenen Muscheln wegwerfen. Die Muscheln in einer großen Schüssel mit Basilikum garniert servieren.

PHAT HAWY MALAENG PHUU TA-KHRAI
MUSCHELN MIT ZITRONENGRAS

450 g Mies- oder Venusmuscheln
1 1/2 EL Pflanzenöl
2–3 Knoblauchzehen, fein gehackt
1 kleine Zwiebel, fein gehackt
Stängel Zitronengras, nur das
   Weiße, in feine Scheiben
   geschnitten
2,5 cm Galgant, in 7–8 Scheiben
   geschnitten
2 lange rote Chilis, entkernt,
   fein gehackt
1 EL Fischsauce
1 EL Limonensaft
1/2 EL Zucker
25 g Thai-Basilikumblätter,
   grob gehackt

2 PORTIONEN

DIE Muscheln abbürsten und die Bärte entfernen. Alle offenen Muscheln und die, die sich nicht schließen, wenn sie auf die Arbeitsfläche gestoßen werden, entfernen. Venusmuscheln mehrmals in kaltem Wasser waschen, bis das Wasser klar abläuft; in einer großen Schüssel 30 Minuten in kaltem Wasser einweichen. So wird der Sand aus den Venusmuscheln entfernt.

DAS Öl im Wok erhitzen und Knoblauch, Zwiebel, Zitronengras, Galgant und Chilis bei mittlerer Hitze 1 bis 2 Minuten unter Rühren anbraten.

DIE Muscheln hinzugeben und einige Minuten unter Rühren braten. Fischsauce, Limettensaft und Zucker hinzufügen. Abdecken und bei mittlerer Hitze 5 bis 7 Minuten garen; den Wok öfter schütteln. Kochen, bis die Muscheln sich öffnen; alle geschlossenen wegwerfen. Das gehackte Basilikum untermischen. Abschmecken.

DIE gedämpften Muscheln heiß in einer großen Schüssel servieren.

MUSCHELN MIT
ZITRONENGRAS

FRITTIERTER FISCH MIT SÜSS-SAURER SAUCE

WIRD EIN GANZER FISCH SERVIERT, HEBT MAN ERST DIE OBEN LIEGENDEN FILETS AB, ENTFERNT DANN DIE GRÄTEN AN EINEM STÜCK, UM AN DIE UNTEN LIEGENDEN FILETS ZU KOMMEN. DAS AROMA DER SÜSS-SAUREN SAUCE PASST HERVORRAGEND ZU ALLEN FISCHARTEN.

400 g Buntbarsch, Seebrasse, Red
    Snapper oder Meeräsche
3 ½ EL Mehl
1 Prise gemahlener weißer Pfeffer
Pflanzenöl zum Frittieren
225 g Ananasscheiben im Saft
    (Dose), jede Scheibe in 4 Stücke
    geschnitten (Saft auffangen)
1 ½ EL Pflaumensauce oder
    Ketchup
2 ½ TL Fischsauce
1 EL Zucker
1 ½ EL Pflanzenöl
3-4 Knoblauchzehen, fein gehackt
1 mittelgroße Zwiebel, in 8 Scheiben
    geschnitten
½ rote Paprika, in mundgerechte
    Stücke geschnitten
1 kleine Gurke (mit Schale), in
    mundgerechte Stücke geschnitten
1 mittelgroße Tomate, in 8 Scheiben
    geschnitten, oder 4 Babytomaten
einige Korianderblätter, zum
    Garnieren

2 PORTIONEN

DEN Fisch putzen und ausnehmen, den Kopf am Körper lassen. Gut trocknen und auf beiden Seiten mehrmals mit einem scharfen Messer einschneiden. Den Fisch außen und innen mit einer Prise Salz einreiben. 3 EL Mehl und den Pfeffer auf einem Teller mischen und den Fisch leicht hineindrücken, bis er ganz mit Mehl bedeckt ist. Überschüssiges Mehl abschütteln.

IN einem großen Wok oder Topf, in den der Fisch ganz hineinpasst, 10 cm Öl erhitzen. Einen kleinen Brotwürfel in das Öl fallen lassen; wenn es zischt, ist es heiß genug. Die Hitze etwas reduzieren und den Fisch in das Öl gleiten lassen. Vorsicht, das heiße Öl kann spritzen. Den Fisch in 15 bis 20 Minuten nur auf einer Seite frittieren (das Öl muss den ganzen Fisch bedecken), bis er gar und hellbraun ist (wird der Fisch dunkelbraun, ist er bereits zu trocken). Abgießen, auf Küchenpapier und schließlich auf eine warme Platte legen. Warmhalten.

INZWISCHEN den Ananassaft (ca. 6 EL) mit dem restlichen Mehl, Pflaumensauce bzw. Ketchup, Fischsauce und Zucker in einer kleinen Schüssel glatt verrühren.

DAS ÖL aus dem Wok oder Topf gießen und 1 ½ EL frisches Öl im selben Topf erhitzen. Den Knoblauch bei mittlerer Hitze unter Rühren in 1 Minute hellbraun braten. Zwiebeln und Paprika hinzugeben und weitere 1 bis 2 Minuten unter Rühren braten. Ananas, Gurken, Tomate und Saftmischung hinzufügen. Eine Minute weiterrühren. Abschmecken. Über den warmen Fisch gießen und mit einigen Korianderblättern garnieren.

PLAA NEUNG GEAM BOUI
GEDÄMPFTER FISCH MIT PFLAUME

FÜR DIESES REZEPT WIRD EIN GROSSER DÄMPFTOPF ODER DER DÄMPFEINSATZ FÜR DEN WOK
BENÖTIGT. BEIDE EIGNEN SICH GLEICH GUT. PFLAUMEN IM GLAS SIND IN ASIA-MÄRKTEN ERHÄLTLICH;
GEÖFFNET HALTEN SIE SICH EINIGE ZEIT IM KÜHLSCHRANK.

1 EL helle Sojasauce
½ TL Zucker
1 großer Fisch (oder 2 kleinere) wie
    Butt, Flunder oder Steinbutt
    (Gesamtgewicht ca. 1 kg)
50 g Champignons, in Scheiben
    geschnitten
2 kleine eingelegte Pflaumen, zer-
    drückt
5 cm Ingwer, in feine Streifen
    geschnitten
4 Frühlingszwiebeln, schräg in
    Scheiben geschnitten
2 lange rote oder grüne Chilis, ent-
    kernt, in feine Ringe geschnitten
einige Korianderblätter, zum
    Garnieren
etwas gemahlener weißer Pfeffer

4 PORTIONEN

IN einer kleinen Schüssel Sojasauce und Zucker
mischen.

DEN Fisch putzen und ausnehmen, den Kopf am
Körper lassen. Gut trocknen. Auf beiden Seiten
drei- oder viermal mit einem scharfen Messer einschneiden. Den Fisch auf einen tiefen Teller legen,
der etwas größer ist als der Fisch. Dieser sollte auf
den Rost eines Bambusdämpfkorbs oder auf den
Dämpfeinsatz des Woks passen. Champignons,
Pflaumen und Ingwer über den Fisch streuen. Die
Sojasauce mit Zucker vermischt über den Fisch
gießen.

EINEN Wok oder Dämpftopf mit Wasser füllen und
abgedeckt bei starker Hitze zum Kochen bringen.
Den Dämpfkorb oder -einsatz vorsichtig in den
Topf oder Wok hängen und den Teller mit dem
Fisch daraufstellen. Die Hitze reduzieren, nur noch
köcheln lassen. Zugedeckt 25 bis 30 Minuten
dämpfen (je nach Art und Größe der Fische), bis
sich ein Spieß leicht in den Fisch stecken lässt.
Etwa alle 10 Minuten eventuell Wasser auffüllen.
Den Fisch aus dem Dämpftopf nehmen. Auf dem-
selben Teller servieren. Mit Frühlingszwiebeln,
Chilis, Koriander und Pfeffer bestreuen.

Die Basilikumblätter in zwei Portionen knusprig frittieren.

Markt in Pattaya

FISCH MIT CHILI UND ANIS-BASILIKUM

DAS IST EINS DER BELIEBTESTEN FISCHGERICHTE IN THAILAND. ES KANN MIT DEN MEISTEN FISCH-ARTEN ZUBEREITET WERDEN. DER FISCH SCHMECKT MILD WÜRZIG UND WIRD MIT FRITTIERTEM CHILI UND BASILIKUM GARNIERT. MEHL IST NICHT TRADITIONELL, MACHT DEN FISCH ABER KNUSPRIGER.

1 großer oder 2 kleinere Red Snapper (Gesamtgewicht ca. 1 kg)
3 EL Mehl
1 Prise gemahlener schwarzer Pfeffer
1 1/2 EL Pflanzenöl
1/2 EL rote Currypaste (Seite 276) oder fertige Paste
2 EL Palmzucker
2 EL Fischsauce
Pflanzenöl zum Frittieren
1 Handvoll Anis-Basilikum
1 getrocknete lange rote Chili, in 5 mm große Stücke geschnitten, ohne Kerne
3 Kaffirlimettenblätter, in sehr feine Streifen geschnitten, zum Garnieren

4 PORTIONEN

DEN Fisch putzen und ausnehmen. Gut trocknen. Auf beiden Seiten drei- oder viermal mit einem scharfen Messer einschneiden. Den Fisch außen und innen mit einer Prise Salz einreiben. Mehl und Pfeffer auf einem Teller mischen und den Fisch leicht hineindrücken, bis er ganz mit Mehl bedeckt ist. Überschüssiges Mehl abschütteln.

DAS Öl in einem kleinen Topf erhitzen, rote Curry-paste hineingeben und bei mittlerer Hitze 1 bis 2 Minuten unter Rühren anbraten. Zucker, Fisch-sauce und 2 EL Wasser hinzugeben und weitere 1 bis 2 Minuten kochen, bis der Zucker sich auf-gelöst hat. Vom Herd nehmen.

IN einem großen Wok oder Topf, in den der Fisch ganz hineinpasst, 10 cm Öl erhitzen. Wenn das Öl heiß ist, einige Basilikumblätter hineingeben. Wenn es sofort zischt, ist das Öl heiß genug. Die Hälfte des Basilikums in 1 Minute knusprig frittieren Mit einem Schaumlöffel herausnehmen und auf Küchenpapier abtropfen lassen. Den Rest frittie-ren.

IM selben Wok die Chili bei mittlerer Hitze einige Sekunden hellbraun frittieren. Nicht verbrennen lassen. Mit einem Schaumlöffel herausnehmen und auf Küchenpapier abtropfen lassen. Die Hitze etwas reduzieren und den Fisch in das Öl gleiten lassen. Vorsicht, das heiße Öl kann spritzen. Den Fisch in 5 bis 10 Minuten nur auf einer Seite frit-tieren (das Öl muss den ganzen Fisch bedecken), bis er gar und hellbraun ist (wird er dunkelbraun, ist er bereits zu trocken). Das Öl abgießen und den Fisch auf Küchenpapier abtropfen lassen.

DIE Currysauce in den Wok geben und leicht er-wärmen. Den Fisch hinzugeben und beide Seiten mit der Sauce überziehen. Den Fisch mit der Sauce auf einen warmen Teller geben und mit Basilikum, Chili und Limettenblättern bestreuen.

PLAA PHAO

GEGRILLTER FISCH MIT KNOBLAUCH

DIE BANANENBLÄTTER SCHÜTZEN DEN FISCH VOR DER HITZE UND GEBEN IHM EIN BESONDERES, FEI-
NES AROMA. DIE BLÄTTER VERKOHLEN BEIM GRILLEN. BANANENBLÄTTER GIBT ES IN ASIA-MÄRKTEN,
OFT IM GEFRIERSCHRANK.

4 Fische wie Buntbarsch, Meer-
  barbe, Meeräsche oder Makrele
  (je ca. 300 g)
8–10 Knoblauchzehen, grob
  gehackt
6 Korianderwurzeln, gehackt
1 TL gemahlener weißer Pfeffer
1 TL Salz
1 EL Pflanzenöl
8 Bananenblätter
Chilisauce zum Servieren

4 PORTIONEN

DEN Fisch putzen und ausnehmen. Gut trocknen.
Jeden Fisch auf beiden Seiten drei- oder viermal
mit einem scharfen Messer einschneiden.

IM Mörser oder Mixer Knoblauch, Koriander,
Pfeffer, Salz und Öl zu einer feinen Paste verarbeiten. Die Fische innen und außen mit der
Knoblauchpaste einreiben. Mindestens 30 Minuten
zugedeckt im Kühlschrank marinieren.

BANANENBLÄTTER für 10 bis 20 Sekunden in
den heißen Backofen stellen oder kurz blanchieren, damit sie nicht reißen. Je zwei Bananenblätter so übereinander legen, dass die Fasern
quer zueinander verlaufen, und den Fisch darin
einpacken. Die Enden mit Zahnstochern feststecken.

DEN Grill auf mittlere Hitze vorheizen. Den Fisch
etwa 15 Minuten pro Seite grillen, bis er gar und
leicht gebräunt ist. Der Fisch lässt sich beim Grillen
leichter anheben und wenden, wenn er in einem
fischförmigen Drahtkorb liegt, der sich wie eine
Zange öffnet. Den Fisch auf einer Platte anrichten.
Mit der Chilisauce servieren.

Den Fisch einschneiden, würzen
und in Bananenblätter wickeln.

Den Ingwer erst in Scheiben,
dann in dünne Stifte schneiden.

Getrockneter Fisch

FRITTIERTER FISCH MIT INGWER

IN THAILAND WIRD DER FISCH VOR DEM FRITTIEREN MEIST NICHT MIT MEHL PANIERT, ABER SO WIRD
DIE HAUT KNUSPRIGER. DER FISCH MUSS GAR UND SEHR KNUSPRIG SEIN, SONST WEICHT ER DURCH
DIE SAUCE AUF. STATT EINES GROSSEN KANN MAN AUCH MEHRERE KLEINE FISCHE NEHMEN.

15 g getrocknete Shiitake-Pilze
(eine halbe Hand voll)
1 großer Fisch oder 2 kleinere wie
Red Snapper, Meeräsche oder
Zackenbarsch (Gesamtgewicht
ca. 1 kg)
3 EL Mehl
1 Prise gemahlener schwarzer Pfeffer
1 EL Austernsauce
1 EL helle Sojasauce
¼ TL Zucker
Pflanzenöl zum Frittieren
1½ EL Pflanzenöl
4 Knoblauchzehen, grob gehackt
1 kleine Möhre, in feine Stifte
geschnitten
2 cm Ingwer, in feine Stifte geschnitten
2 Frühlingszwiebeln, in dünne Ringe
geschnitten, zum Garnieren

4 PORTIONEN

DIE Pilze 2 bis 3 Minuten in heißem Wasser einweichen, abgießen und fein hacken.

DEN Fisch putzen und ausnehmen. Gut trocknen.
Auf beiden Seiten drei- oder viermal mit einem
scharfen Messer einschneiden. Den Fisch außen
und innen mit einer Prise Salz einreiben. Mehl und
Pfeffer auf einem Teller mischen und den Fisch
leicht hineindrücken, bis er ganz bedeckt ist. Überschüssiges Mehl abschütteln.

IN einer kleinen Schüssel Sojasauce, Austernsauce, Zucker und 2 EL Wasser mischen.

IN einem großen Wok oder Topf, in den der Fisch
ganz hineinpasst, 10 cm Öl erhitzen. Wenn das Öl
heiß genug erscheint, ein Stück Frühlingszwiebel
hineinfallen lassen. Wenn es sofort zischt, ist das
Öl heiß genug. Die Hitze etwas reduzieren und den
Fisch in das Öl gleiten lassen. Vorsicht, das heiße
Öl kann spritzen. Den Fisch in 5 bis 10 Minuten
nur auf einer Seite frittieren (das Öl muss den
ganzen Fisch bedecken), bis er gar und hellbraun
ist (wird der Fisch dunkelbraun, ist er bereits zu
trocken). Auf Küchenpapier und schließlich eine
warme Platte legen. Warmhalten. Das Öl
abgießen.

IM selben Wok 1 ½ EL frisches Öl erhitzen und
den Knoblauch bei mittlerer Hitze unter Rühren
hellbraun braten. Möhre, Ingwer, Champignons
und die Sauce hinzugeben und weitere 1 bis
2 Minuten unter Rühren braten. Abschmecken.
Den warmen Fisch damit übergießen, mit
Frühlingszwiebel bestreuen.

PLAA THAWT SAHM ROT
FRITTIERTER FISCH MIT DREI-AROMEN-SAUCE

MIT LIMONENSAFT WIRD DIE SAUCE KLAR, MIT TAMARINDE WIRD SIE DUNKLER. STATT EINES GROSSEN FISCHES KÖNNEN AUCH MEHRERE KLEINE VERWENDET WERDEN. WENN VORHANDEN, MIT THAI-BASILIKUM GARNIEREN.

1 x 350 g Seebrasse, Red Snapper
   oder Meeräsche
3 EL Mehl
1 Prise gemahlener schwarzer Pfeffer
Pflanzenöl zum Frittieren
4–5 Knoblauchzehen, grob gehackt
5 lange rote Chilis, entkernt, grob
   gehackt
4–5 Schalotten, grob gehackt
3 Korianderwurzeln, fein gehackt
3 EL Palmzucker
2 EL Fischsauce
3 EL Tamarindenmus oder
   Limonensaft
einige Anis- oder Thai-
   Basilikumblätter, zum Garnieren

2 PORTIONEN

DEN Fisch putzen und ausnehmen. Gut trocknen. Auf beiden Seiten drei- oder viermal mit einem scharfen Messer einschneiden.

DEN Fisch außen und innen mit einer Prise Salz einreiben. Mehl und Pfeffer auf einem Teller mischen und den Fisch leicht hineindrücken, bis er ganz mit Mehl bedeckt ist. Überschüssiges Mehl abschütteln.

IN einem großen Wok oder Topf, in den der Fisch ganz hineinpasst, 10 cm Öl erhitzen. Wenn das Öl heiß erscheint, ein Stück Schalotte hineinfallen lassen. Wenn es sofort zischt, ist das Öl heiß genug. Die Hitze etwas reduzieren und den Fisch in das Öl gleiten lassen. Vorsicht, das heiße Öl kann spritzen. Den Fisch in 15 bis 20 Minuten nur auf einer Seite frittieren (das Öl muss den ganzen Fisch bedecken), bis er gar und hellbraun ist (wird der Fisch dunkelbraun, ist er bereits zu trocken). Abgießen, auf Küchenpapier und schließlich eine warme Platte legen. Warmhalten.

WÄHREND der Fisch gart, im Mörser oder Mixer Chilis, Knoblauch, Schalotten und Korianderwurzeln zu einer groben Paste verarbeiten.

IM Wok oder einer Pfanne 1 EL Öl erhitzen und die Chilipaste bei mittlerer Hitze 1 bis 2 Minuten unter Rühren anbraten. Palmzucker, Fischsauce und Tamarindenmus bzw. Limonensaft hinzugeben und weitere 2 bis 3 Minuten kochen, bis der Zucker sich aufgelöst hat. Die warme Chilisauce über den Fisch gießen und mit Basilikumblättern garnieren.

Den panierten Fisch auf einer Seite frittieren, sodass er von Öl bedeckt ist.

Gemüseverkauf auf dem schwimmenden Markt.

FISCH Fisch, der nicht kommerziell gefangen wird, kommt gleich vor Ort auf den Markt. Auf dem Fischmarkt in Ranong werden auch Tiefseefische verkauft. Auf kleineren Märkten wird der Fisch direkt nach dem Fang verkauft, teilweise noch lebend aus Eimern und Becken. Die Händler schlachten und putzen den Fisch erst nach dem Kauf. Die meisten Fische werden ganz zubereitet; die Bäckchen gelten als

FISCH & MEERES-FRÜCHTE

SÜSSWASSERFISCH UND MEERESFRÜCHTE SIND WICHTIGE BESTANDTEILE DER THAI-KÜCHE. IHRE BEDEUTUNG WIRD NUR VON REIS ÜBERTROFFEN. SEHR VIELE THAIS ESSEN TÄGLICH FRISCHEN FISCH, DANEBEN GEHÖREN FISCHSAUCE UND GARNELENPASTE ALS WÜRZMITTEL ZU FAST JEDEM GERICHT.

Fisch und Meeresfrüchte werden überall gefangen, an der 2710 km langen Küste, in Seen, Flüssen, Kanälen, Teichen und sogar in Nassreisfeldern und Pfützen. Die Fischerei wird kommerziell, in Gemeinschaften oder einzeln betrieben. Großmärkte in jedem größeren Hafen vertreiben den Fisch ins Ausland und in ganz Thailand. Im Landesinneren wird Süßwasserfisch in kleinen Mengen auf dem Markt verkauft.

Die einzelnen Regionen haben ihre eigenen Spezialitäten und Fisch-Industrien. Fischsauce wird meist im Haushalt hergestellt, es gibt aber auch Fabriken am Golf von Thailand. Der Isthmus von Kra und die Inseln sind berühmt für frischen Fisch und Meeresfrüchte, die gegrillt werden, in Pattaya gibt es Flusskrebse. Im Landesinneren werden im April und Mai besondere Delikatesse. Auch ganzen Fisch, wie diese Makrelen (oben links), gibt es auf den meisten Märkten. Garnelen sind sehr beliebt; Riesengarnelen (rechts) werden gezüchtet und sind besonders fleischig. Kleine Garnelen werden getrocknet und zu Pulver vermahlen oder vor dem Kochen in Flüssigkeit eingeweicht. Hochwertige getrocknete Garnelen sind tief orangefarben wie hier auf dem Bild.

riesige Welse aus dem Mekong gefangen. Garnelen züchtet man in den Mangrovensümpfen, was allerdings weder der Umwelt noch den Einheimischen Vorteile bringt.

EINGELEGT, GETROCKNET UND FERMENTIERT

Das meiste, was aus Thailands Gewässern kommt, wird getrocknet, eingelegt oder zu Garnelenpaste und Fischsauce verarbeitet. Entlang der Küste trocknen Fische, Garnelen und Tintenfische auf Matten in der Sonne (rechts). Fische, Krebse und Muscheln werden auch eingelegt, so bekommen sie ein sehr intensives Aroma und werden zum Würzen von Reis und Gemüse verwendet. Garnelenpaste ist die Grundlage für Dips zu frischem Gemüse. Getrockneter, gerösteter Tintenfisch wird über die Straße verkauft wie hierzulande Pommes.

HERSTELLUNG VON FISCHSAUCE

FISCHSAUCE In der Fabrik Tang Sang Hah werden verschiedene Fischsaucen für den heimischen und den ausländischen Markt hergestellt. Ursprünglich wurden dazu Keramikkrüge verwendet (links), heute sind es Betonbecken. Sardellen werden aus ganz Thailand in das Werk gebracht, mit Salz gemischt und in die Becken gefüllt. Es gibt hier dreitausend solcher Becken, die je zwei Meter tief sind. Fischnachschub wird jeden Tag angeliefert, der Fisch auf dem Bild (Mitte) ist jedoch schon einen Monat alt und zerfällt bereits. Die Becken werden abgedeckt

und der Fisch fermentiert durch die Sonnenhitze, mit Salz konserviert, im eigenen Saft. Fisch und Saft mischen sich im Becken. Nach zwölf Monaten ist der Fisch soweit abgebaut, dass die festen Bestandteile zu Boden sinken und die Fischsauce darüber stehen bleibt. Die Flüssigkeit wird aus dem Becken abgelassen, gefiltert, gemischt und auf Qualität geprüft. Dann wird etwas Zucker hinzugefügt, sonst aber nichts. Die Sauce wird abgefüllt. Die verschiedenen Qualitäten sind an der Flasche zu erkennen. Fischsauce der Klasse Zwei ist etwas salziger und

wird in großen Plastikflaschen verkauft. Nach Aussagen der Firma ist sie bei Straßenhändlern sehr beliebt, die sie in großen Mengen für ihre Nudelgerichte verwenden. Auch drittklassige Fischsauce wird in großen Plastikflaschen verkauft. Zwölf Monate alte Sauce der Premium-Klasse mit echtem Fischgeschmack wird unter der Marke Tiparos in kleinen Glasflaschen mit goldenem Etikett und rot-blau-weißem Logo verkauft (Mitte rechts und rechts). Die zweitbeste Sauce ist die der ersten Klasse mit gelbem Etikett (links).

KREBSE *(Puu)* Krebsfleisch wird gern zu gebratenem Reis und zu Nudeln gegessen. Ganze Krebse werden oft in Stücke gehackt und mit Currypulver gebraten.

TINTENFISCH *(Plaa Meuk Kluay)* wird frisch und getrocknet gegessen. Frisch wird er in kochendem Wasser blanchiert, statt gebraten, damit er zart bleibt.

SILBERNER PAMPEL *(Plaajalamet)* Dieser Speisefisch kommt in ganz Asien vor. Er schmeckt ganz gebraten am besten, eignet sich aber auch für Currys.

ROCHEN werden weiter draußen vor der Küste gefangen und sind in Thailand eher selten. Auf großen Fischmärkten kann man sie jedoch finden.

GARNELEN *(Kung)* Riesengarnelen isst man gern in Suppen, Currys und Nudelgerichten. Sie gehören auf jede Speisekarte.

GRASKARPFEN *(Plaa Tapian)* Karpfen sind in Südostasien und China beliebte Süßwasserfische, aus Zuchtbetrieben oder wild.

BUNTBARSCH *(Plaa Nin)* Süßwasserfische werden oft gezüchtet und dann gedämpft oder gebraten.

VENUSMUSCHELN *(Hawy Lai)* Für Suppen und Currys. Werden wie Austern behandelt, tragen auch den gleichen Namen Hawy.

HALTBARER FISCH

Fisch und Meeresfrüchte werden oft gesalzen, getrocknet oder eingelegt. So halten sie nicht nur länger, sondern werden auch aromatischer: Getrocknete Garnelen in verschiedenen Sorten (ganz links), meist gemahlen; eingelegte Miesmuscheln (Mitte links) für Pfannengerührtes und Salat; angetrockneter Fisch (Mitte rechts) für Currys oder frittiert für Salate; kleine getrocknete Fische (rechts) frittiert.

FLEISCH & GEFLÜGEL

Das Schweinefleisch wird auf den Spieß gefädelt.

MUU PING
SCHWEINEFLEISCH AM SPIESS

WIE SATEH IST AUCH SCHWEINEFLEISCH AM SPIESS EIN BELIEBTER SNACK, HERVORRAGEND FÜR PARTIES UND IDEAL FÜR GRILLFESTE. DAZU PASST REIS ODER KLEBREIS. EINE ZUSÄTZLICHE SAUCE WIRD NICHT BENÖTIGT.

1 kg Schweinefilet
250 ml dünne Kokosmilch
(Seite 279)
2 EL Kokoszucker
2 EL helle Sojasauce
2 EL Austernsauce
110 g Schalotten, in dünne Ringe
geschnitten
4 Knoblauchzehen, grob gehackt
5 Korianderwurzeln, fein gehackt
2,5 cm Ingwer, in Scheiben
geschnitten
1 ½ TL gemahlener Kurkuma
¼ TL gemahlener weißer Pfeffer
25 Bambusspieße, 18–20 cm lang

FÜR 25 STÜCK

DAS Schweinefleisch in 4 cm breite, 8 cm lange und 5 mm dicke Streifen schneiden und in eine Schüssel legen.

IN einer Schüssel Kokosmilch, Zucker, Sojasauce, Austernsauce, Schalotten, Knoblauch, Korianderwurzeln, Ingwer, Kurkuma und Pfeffer mischen, bis sich der Zucker auflöst. Über das Fleisch gießen und gut mischen. Mit Plastikfolie abdecken und für mindestens 5 Stunden oder über Nacht im Kühlschrank marinieren. Gelegentlich wenden.

DIE Bambusspieße 1 Stunde lang in Wasser einweichen, damit sie beim Grillen nicht verbrennen.

JE einen marinierten Schweinefleischstreifen wie beim Nähen auf einen Spieß fädeln. Bei kleineren Stücken zwei auf einen Spieß fädeln. Den Grill auf starke Hitze vorheizen. Beim Elektrogrill die Saftschale mit Folie auslegen.

DIE Spieße über Kohle 5 bis 7 Minuten, im Elektrogrill 10 Minuten pro Seite grillen, bis sie gar und leicht braun sind. Dabei häufig wenden und mit der Marinade bestreichen. Beim Elektrogrill genügend Abstand zwischen Grillgut und Hitzequelle lassen. Heiß oder warm servieren.

Souvenirverkauf in Mae Tang.

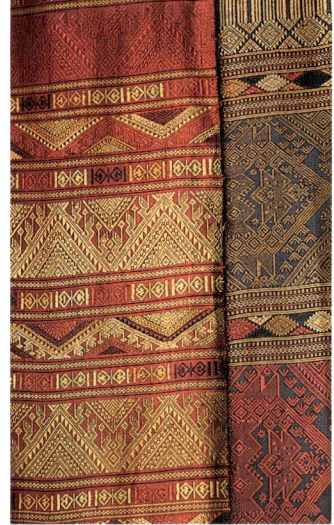

GEGRILLTE SCHWEINERIPPCHEN

2–3 Knoblauchzehen, gehackt

1 EL gehackte Korianderwurzel oder
  gemahlener Koriander

6 EL Palmzucker

7 EL Pflaumensauce oder Ketchup

2 EL helle Sojasauce

2 EL Austernsauce

1 TL gemahlener Pfeffer

1/2 TL gemahlenes Sternanis nach
  Wunsch

900 g Schweinerippchen,
  in 13–15 cm lange Stücke gehackt (dünne Rippe, falls möglich;
  vom Metzger vorbereiten lassen)

4 PORTIONEN

IM Mörser oder Mixer Knoblauch und Korianderwurzeln zu einer Paste verarbeiten. In einer großen
Schüssel alle Zutaten mischen und die Rippchen
mit der Marinade einreiben. Mit Plastikfolie abdecken und für mindestens 3 Stunden oder über
Nacht im Kühlschrank marinieren.

DEN Backofen (auf 180 °C) oder einen Grill vorheizen. Die Rippchen mit der Marinade in eine
Backform geben und 45 bis 60 Minuten backen,
dabei mehrmals mit der Sauce übergießen. Auf
dem Kohlegrill die Rippchen abgedeckt
45 Minuten grillen, dabei mehrmals wenden und
begießen. Wenn die Rippchen nicht schön braun
werden, pro Seite 5 Minuten unter dem Elektrogrill
grillen, bis sie braun sind. Beim Elektrogrill die
Saftschale mit Folie auslegen. Das Fleisch dabei
mehrmals wenden und mit der verbleibenden
Sauce bestreichen, bis es gar und braun ist.

FRITTIERTE SCHWEINERIPPCHEN

5 Korianderwurzeln, gehackt

3 Knoblauchzehen, fein gehackt

1 EL Fischsauce

1 1/2 TL Austernsauce

1/2 TL gemahlener weißer Pfeffer

900 g Schweinerippchen, in 4–5 cm
  lange Stücke gehackt (dünne
  Rippe, falls möglich; vom Metzger
  vorbereiten lassen)

Pflanzenöl zum Frittieren

süße Chilisauce (Seite 284),
  zum Servieren

4 PORTIONEN

IM Mörser oder Mixer Knoblauch und Koriander zu
einer Paste verarbeiten. In einer großen Schüssel
die Korianderpaste mit Fischsauce, Austernsauce
und gemahlenem Pfeffer mischen. Die Rippchen
mit der Marinade einreiben, abdecken und für mindestens 3 Stunden oder über Nacht im
Kühlschrank marinieren.

BEI mittlerer Hitze 6 cm Öl im Wok oder in einer
Pfanne erhitzen. Wenn das Öl heiß ist, ein Stück
Knoblauch hineinfallen lassen. Wenn es sofort
zischt, ist das Öl heiß genug. Das Öl darf aber
auch nicht zu heiß sein, sonst verbrennen die
Rippchen. Jeweils die Hälfte der Rippchen in
15 bis 20 Minuten goldbraun frittieren. Auf
Küchenpapier abtropfen lassen. Mit süßer Chilisauce servieren.

FRITTIERTE
SCHWEINERIPPCHEN

Die Wachteln mit der Paste bestreichen und marinieren. Die frittierte Wachtel aus dem Öl nehmen.

NOK GRADTAA THAWT
FRITTIERTE WACHTEL

WACHTELN EIGNEN SICH GUT FÜR GERICHTE, DIE TRADITIONELL MIT TAUBE ZUBEREITET WURDEN. AUCH HÜHNERTEILE KÖNNEN VERWENDET WERDEN, DIE WACHTELN SEHEN JEDOCH ATTRAKTIVER AUS. MIT GEMÜSEGERICHTEN ODER ALS VORSPEISE SERVIEREN.

5 weiße Pfefferkörner
5 Koriandersamen
$1/4$ TL Kreuzkümmelsamen
1 Sternanis
2 Knoblauchzehen
2 EL Sojasauce
$1/2$ TL Palmzucker
4 Wachteln,
Öl zum Frittieren
geröstete Chilisauce (Seite 283)
    oder süße Chilisauce (Seite 284),
    zum Servieren

4 PORTIONEN

IM Mörser Pfeffer, Koriander, Kreuzkümmel, Sternanis und eine Prise Salz zerstoßen. Mit Knoblauch, Sojasauce und Palmzucker zu einer Paste verarbeiten.

DIE Wachteln rundum mit der Paste einreiben und mindestens 3 Stunden zugedeckt im Kühlschrank marinieren.

DAS Öl im Wok erhitzen, bis ein Stück Brot darin zischt und braun wird. Die Wachteln mit Küchenpapier trockentupfen und 10 Minuten frittieren, dabei wenden, damit sie von allen Seiten gar werden. Das Öl muss auch das Innere der Wachteln erreichen.

GUT abtropfen lassen und mit etwas Salz bestreuen. Vierteln und mit gerösteter oder süßer Chilisauce servieren.

KARAMELISIERTES SCHWEINEFLEISCH

DIESES GERICHT SCHMECKT RECHT SÜSS UND SOLLTE MIT GEDÄMPFTEM JASMIN- ODER KLEBREIS
UND EINEM SAUREN GERICHT WIE GRÜNEM PAPAYA- ODER POMELO-SALAT SERVIERT WERDEN. DAS
FLEISCH HÄLT SICH EINIGE TAGE IM KÜHLSCHRANK UND KANN IM VORAUS ZUBEREITET WERDEN.

Palmzucker auf dem Markt

Pflanzenöl zum Frittieren
75 g Schalotten, in dünne Ringe
    geschnitten
6 Knoblauchzehen, fein gehackt
500 g Schweineschulter oder -haxe,
    in dünne Scheiben geschnitten
1 EL Austernsauce
1 EL helle Sojasauce
1 EL Fischsauce
4 EL Palmzucker
1/4 TL gemahlener weißer Pfeffer

4 PORTIONEN

BEI mittlerer Hitze 5 cm Öl im Wok oder einer tiefen Pfanne erhitzen und die Schalotten goldbraun frittieren. Nicht verbrennen lassen. Mit einem Schaumlöffel herausnehmen und auf Küchenpapier abtropfen lassen.

DAS Öl abgießen, sodass nur 2 EL in der Pfanne zurückbleiben. Den Knoblauch im Öl hellbraun anbraten, das Fleisch hinzufügen und einige Minuten unter Rühren braten. Austernsauce, Sojasauce, Fischsauce, Zucker und Pfeffer hinzufügen und ca. 5 Minuten weiterbraten, bis die Flüssigkeit verdampft und eine dicke, klebrige Sauce entstanden ist.

AUF einer Servierplatte mit den Schalotten bestreuen.

GESCHMORTES SCHWEINEFLEISCH

GESCHMORTES
SCHWEINEFLEISCH

1 große Schweinshaxe oder 2 kleine
Öl zum Frittieren
2 Korianderwurzeln, gehackt
4 Knoblauchzehen, zerdrückt
2 TL gemahlener weißer Pfeffer
4 Scheiben Ingwer
2 Sternanis
1 Stange Zimt
2 EL Palmzucker
2 EL Fischsauce
2 EL Ketjap Manis
1,5 l Hühnerbrühe
4 hart gekochte Eier, geschält

4 PORTIONEN

DIE Haxe in einem Topf mit Salzwasser zum Kochen bringen. Abgießen und wiederholen, dann das Fleisch mit Küchenpapier trockentupfen. Den Wok zu einem Viertel mit Öl füllen und stark erhitzen. Die Haxe vorsichtig hineingeben und von allen Seiten braun frittieren. Falls das Öl zu sehr spritzt, einen Deckel auflegen. Die Haxe herausnehmen und das Öl bis auf 1 EL abgießen.

KORIANDER, Knoblauch und Pfeffer kurz anbraten, Ingwer, Sternanis und Zimt hinzufügen und 1 Minute weiterbraten. Palmzucker, Fischsauce, Ketjap Manis und Hühnerbrühe zufügen und zum Kochen bringen. Die Haxe hinzufügen und 2 Stunden kochen, bis sich das Fleisch vom Knochen löst. Mit den Eiern weitere 10 Minuten kochen. Mit Salz würzen und mit Jasminreis servieren.

GETROCKNETES RINDFLEISCH

NEUA HAENG

GETROCKNETES RINDFLEISCH

Korianderwurzeln von 1 Bund,
   fein gehackt
1 TL Kreuzkümmelsamen, geröstet
2 TL Koriandersamen, geröstet
4 Knoblauchzehen
1 TL weiße Pfefferkörner
2 EL Palmzucker
2 EL Sojasauce
350 g Rumpsteak, in dünne
   Scheiben geschnitten
Öl zum Frittieren
Klebreis (Seite 280), zum Servieren
Chilisauce zum Servieren

6 PORTIONEN

IM Mörser Koriander, Kreuzkümmelsamen, Koriandersamen, Knoblauch, Pfeffer und eine Prise Salz zu einer Paste verarbeiten. Palmzucker und Sojasauce unterrühren, bis sich der Zucker auflöst. Das Fleisch hinzufügen und mischen. Über Nacht im Kühlschrank marinieren.

DEN Ofen auf die niedrigste Stufe vorheizen. Die Steakstreifen aus der Marinade nehmen und über ein Drahtgestell legen. Die Fleischstreifen etwa 4 Stunden im Ofen trocknen. Am Ende sollten sie trocken und ledrig sein.

IST das Fleisch nicht knusprig, im Wok etwas Öl zum Frittieren erhitzen. Ein kleines Stück Fleisch in das Öl fallen lassen; wenn es sofort zischt, ist es heiß genug. Das Fleisch in Portionen knusprig frittieren, auf Küchenpapier abtropfen lassen. Mit Klebreis und Chilisauce servieren.

Hühner am Spieß am
Straßenrand

KAI YAANG

GEGRILLTES HUHN

IN THAILAND WERDEN GANZE HÜHNER AM STRASSENRAND OFFEN AM SPIESS GEGRILLT. THAI-HÜHNER SIND MAGERER ALS DIE IM WESTEN, SCHMECKEN ABER ÄHNLICH. ES GIBT VIELE GEWÜRZVARIANTEN FÜR GEGRILLTES HUHN.

MARINADE
4 Korianderwurzeln, fein gehackt
4 Knoblauchzehen, fein gehackt
1 Stängel Zitronengras, nur das
   Weiße, fein gehackt
3 EL Fischsauce
1/4 TL gemahlener weißer Pfeffer
1 TL Palmzucker

1 Huhn, aufgeschnitten
süße Chilisauce (Seite 284),
   zum Servieren
Limonenspalten, zum Servieren

4 PORTIONEN

DIE Zutaten für die Marinade im Mörser zerstoßen und in eine Schüssel geben. Das Huhn rundum mit der Marinade einreiben. Abdecken und für mindestens 3 Stunden oder über Nacht in den Kühlschrank stellen.

DEN Grill auf starke Hitze vorheizen. Das Huhn 20 bis 30 Minuten grillen, dabei regelmäßig wenden.

DAS Huhn in Stücke schneiden und mit süßer Chilisauce und Limonenspalten servieren.

CURRYS

Die Früchte gegen Ende der Garzeit zugeben.

Grüne Mangos

KAENG PLAA KUP KLUAY LAI MAMUANG

SNAPPER MIT GRÜNER BANANE UND MANGO

GRÜNE BANANEN SIND SEHR STÄRKEHALTIG, EHER GEMÜSE ALS OBST. HIER WERDEN SIE MIT GRÜNER MANGO, DIE SAUER WIRKT, ZU EINEM GELBEN CURRY VERARBEITET. DAZU WIRD OFT ROHES GEMÜSE SERVIERT, UM DIE SCHÄRFE DER CHILIS AUSZUGLEICHEN.

1 TL Salz

1 TL gemahlener Kurkuma

1 kleine grüne Banane oder Gemüsebananen, in dünne Scheiben geschnitten

60 ml dicke Kokosmilch (Seite 279)

2 EL gelbe Currypaste (Seite 275) oder fertige Paste

1 EL Fischsauce

1 TL Palmzucker

400 g Snapper oder weißes Fischfilet, in große Würfel geschnitten

315 ml dünne Kokosmilch (Seite 279)

1 kleine grüne Mango, in dünne Scheiben geschnitten

1 große grüne Chili, in dünne Ringe geschnitten

12 Blätter Anis-Basilikum

4 PORTIONEN

IN einem kleinen Topf Wasser aufkochen. Salz, Kurkuma und Bananenscheiben hinzufügen, 10 Minuten köcheln und abgießen.

DIE dicke Kokosmilch im Wok oder einem Topf bei mittlerer Hitze 5 Minuten köcheln, bis die Milch gerinnt und sich eine Ölschicht an der Oberfläche bildet. Wenn sie am Rand braun wird, umrühren. Die Currypaste gut unterrühren und kochen, bis sie duftet. Fischsauce und Zucker hinzugeben und weitere 2 Minuten kochen, bis die Mischung dunkler wird.

DIE Fischstücke hineingeben und umrühren, bis sie rundum mit Curry bedeckt sind. Langsam die Kokosmilch zugeben, bis alles aufgenommen ist.

BANANEN, Mango, Chili und die meisten Basilikumblätter zufügen und vorsichtig umrühren; 1 bis 2 Minuten weiter kochen. Mit dem restlichen Basilikum garnieren.

GARNELEN MIT ANIS-BASILIKUM

DIE SAUCE FÜR DIESES GERICHT SOLLTE DICK, HEISS UND SÜSS SEIN. DAZU MUSS DER WOK HEISS GENUG SEIN, DAMIT DIE KOKOSMILCH SOFORT REDUZIERT WIRD, WENN SIE HINEINKOMMT.

600 g rohe Garnelen
2 EL Pflanzenöl
2 EL trockene Currypaste
  (Seite 272) oder fertige Paste
185 ml dünne Kokosmilch
  (Seite 279)
2 TL Fischsauce, 2 TL Palmzucker
1 Handvoll Anis-Basilikum, zum
  Garnieren
1 lange rote Chili, entkernt, in dünne
  Ringe geschnitten, zum Garnieren

4 PORTIONEN

DIE Garnelen schälen und putzen, entlang der Rückseite aufschneiden (Vorderseite und Schwanz zusammenlassen).

DAS Öl in einem Topf oder Wok erhitzen, die trockene Currypaste bei mittlerer Hitze 2 Minuten unter Rühren anbraten, bis sie duftet.

KOKOSMILCH, Fischsauce und Palmzucker zugeben und einige Sekunden kochen. Die Garnelen hinzufügen und in einigen Minuten gar kochen. Abschmecken. In einer Schüssel mit Korianderblättern und Chilis verzieren.

CURRY MIT GARNELEN UND ANANAS

WÜRZPASTE
4 Vogelaugenchilis, entkernt
6 Schalotten
2 Stängel Zitronengras, nur das
  Weiße, fein gehackt
1/2 TL Garnelenpaste
1/2 TL gemahlener Kurkuma

2 EL Öl
185 ml dünne Kokosmilch
  (Seite 279)
300 g frische Ananas, in kleine
  Spalten geschnitten
2 EL Tamarindenmus
3 Kaffirlimettenblätter
250 g rohe Garnelen, geschält,
  ohne Darm
2 TL Fischsauce
1 EL Palmzucker

4 PORTIONEN

DIE Zutaten für die Gewürzpaste im Mörser zerstoßen. Oder im Mixer mit 2 EL Wasser pürieren. Dabei gut mischen.

DAS Öl im Wok oder in einer Pfanne erhitzen. Die Gewürzpaste hinzugeben und anbraten, bis sie duftet. Die Kokosmilch einrühren und 2 Minuten kochen. Ananasspalten, Tamarindenmus und Limettenblätter hinzugeben und weitere 5 Minuten köcheln, bis die Ananas weich wird.

GARNELEN hinzufügen und gut mit der Sauce verrühren. In 5 bis 6 Minuten gar köcheln. Vor dem Servieren Fischsauce und Zucker unterrühren.

CURRY MIT GARNELEN
UND ANANAS

Wenn die Currypaste duftet,
Fleisch, Schalotten, Ingwer und
Erdnüsse einrühren.

Songathews und Tuktuks in
Chiang Mai

SCHWEINEFLEISCHCURRY CHIANG MAI

DIESER BURMESISCHE CURRY IST TYPISCH FÜR DIE REGION UM CHIANG MAI. IM GEGENSATZ ZU DEN DUFTENDEN THAI-CURRYS IST ER WÜRZIGER, FAST WIE IN INDIEN. ER ENTHÄLT HÄUFIG SCHWEINE-FLEISCH, GELEGENTLICH AUCH HUHN. DIESER CURRY LÄSST SICH GUT IM VORAUS ZUBEREITEN.

500 g Schweinebauch, gewürfelt
2 EL Öl
2 Knoblauchzehen, zerdrückt
2 EL Chiang-Mai-Currypaste
   (Seite 272) oder fertige Paste
4 Schalotten, mit der Messerklinge
   zerdrückt
4 cm Ingwer, gehackt
4 EL geröstete Erdnüsse ohne Salz
3 EL Tamarindenmus
2 EL Fischsauce
2 EL Palmzucker

4 PORTIONEN

DIE Fleischwürfel 1 Minute in kochendem Wasser blanchieren, gut abtropfen lassen.

DAS Öl im Wok oder in einer Pfanne erhitzen und den Knoblauch 1 Minute anbraten. Die Currypaste hinzugeben und anbraten, bis sie duftet. Fleisch, Schalotten, Ingwer und Erdnüsse kurz unter-rühren. 500 ml Wasser und das Tamarindenmus hinzufügen und zum Kochen bringen.

FISCHSAUCE und Zucker hinzugeben und 1 ½ Stunden kochen, bis das Fleisch zart ist. Bei Bedarf mehr Wasser hinzugießen. Das Fleisch ist fertig, wenn es sehr zart ist.

KAENG MUU PHRIK THAI ORN

SCHWEINEFLEISCHCURRY MIT GRÜNEM PFEFFER

PFEFFERKÖRNER GEBEN DIESEM CURRY SEINEN TYPISCHEN, FRISCH-WÜRZIGEN, NICHT ZU SCHAR-
FEN GESCHMACK. STATT SCHWEINEFLEISCH EIGNEN SICH AUCH IN SCHEIBEN GESCHNITTENE HÜH-
NERBEINE. GERN WERDEN GEKOCHTE BABYKARTOFFELN UND BAMBUSSPROSSEN DAZU GEGEBEN.

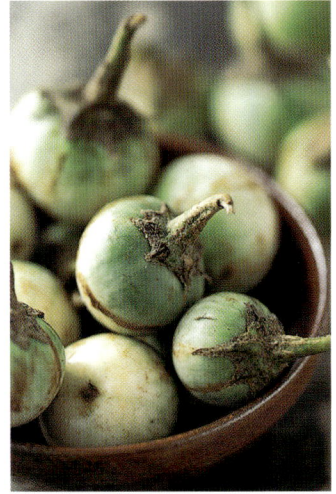

60 ml dicke Kokosmilch (Seite 279)
2 EL rote Currypaste (Seite 276)
    oder fertige Paste
3 EL Fischsauce
1½ EL Palmzucker
500 g mageres Schweinefleisch, in
    dünne Scheiben geschnitten
440 ml dünne Kokosmilch
    (Seite 279)
280 g Thai-Auberginen, halbiert
    oder geviertelt, oder 1 Aubergine,
    gewürfelt
75 g frische grüne Pfefferkörner,
    geputzt
7 Kaffirlimettenblätter, in zwei Teile
    gerissen
2 lange rote Chilis, entkernt, in
    dünne Ringe geschnitten, zum
    Garnieren

4 PORTIONEN

DIE dicke Kokosmilch im Wok oder einem Topf bei mittlerer Hitze 5 Minuten köcheln, bis die Milch gerinnt und sich eine Ölschicht an der Oberfläche bildet. Wenn sie am Rand braun wird, umrühren.

DIE Currypaste gut unterrühren und kochen, bis sie duftet. Fischsauce und Palmzucker hinzugeben und weitere 2 Minuten kochen, bis die Mischung dunkler wird. Das Fleisch hinzugeben und weitere 5 bis 7 Minuten unter Rühren braten.

DIE dünne Kokosmilch in den Topf oder Wok geben und 5 Minuten bei mittlerer Hitze köcheln lassen. Die Auberginen und Pfefferkörner hinzugeben und 5 Minuten kochen. Die Limettenblätter hinzufügen. Abschmecken. In eine Servierschüssel geben und mit den Chilis bestreuen.

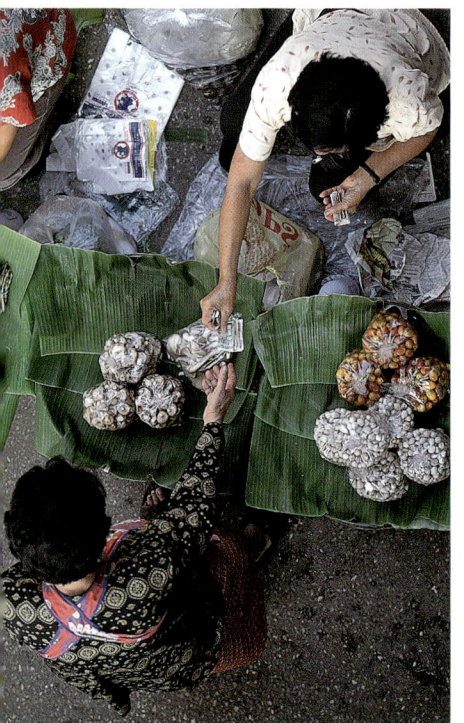

Die Currypaste unter Rühren anbraten, um ihr Aroma hervorzuheben.

KAENG PAA
DSCHUNGELCURRY MIT GARNELEN

DSCHUNGELCURRY IST SEHR SCHARF UND WIRD VOR ALLEM AUF DEM LAND IN NORDTHAILAND GERN GEKOCHT. TRADITIONELL WIRD ER MIT WELS GEMACHT, EBENSO EIGNEN SICH ANDERE FISCHE ODER GARNELEN. ER KANN AUCH MIT SCHWEINEFLEISCH UND FRISCHEM GEMÜSE BEREITET WERDEN.

DSCHUNGELCURRYPASTE
8 Vogelaugenchilis, gehackt
2 cm Galgant, gehackt
2 Stängel Zitronengras, nur das
   Weiße, fein gehackt
4 Schalotten, fein gehackt
4 Knoblauchzehen, in dünne
   Scheiben geschnitten
$\frac{1}{2}$ TL Garnelenpaste

400 g rohe Garnelen
1 EL Öl
4 Maiskölbchen, der Länge nach
   schräg halbiert
75 g Thai-Auberginen, halbiert
   oder geviertelt
50 g Erbsen-Aubergine
50 g Strohpilze oder Champignons,
   große Pilze halbiert
1 EL Fischsauce
$\frac{1}{2}$ TL Palmzucker
2–3 Kaffirlimettenblatter, in Stücke
   gerissen, zum Garnieren
eine Handvoll Thai- oder Anis-
   Basilikum, zum Garnieren

4 PORTIONEN

DIE Zutaten für die Dschungelcurrypaste im Mörser glatt zerstoßen. Oder im Mixer mit 2 EL Wasser zu einer glatten Paste pürieren.

DIE Garnelen schälen und putzen, entlang der Rückseite aufschneiden (Vorderseite und Schwanz zusammenlassen).

DAS Öl im Wok oder in einer Pfanne erhitzen und 2 EL Currypaste unter Rühren anbraten, bis sie duftet. 410 ml Wasser hinzugießen und die Hitze auf Mittelhitze reduzieren. Maiskölbchen und Auberginen hinzugeben und 1 bis 2 Minuten kochen. Pilze, Garnelen, Fischsauce und Zucker hinzufügen. Kochen, bis die Garnelen sich öffnen und rosa werden. Abschmecken. Vor dem Servieren mit den Zitronen- und Basilikumblättern bestreuen.

MASSAMANCURRY MIT RIND

DIESER CURRY ZEIGT VIELE ZÜGE DER SÜDTHAILÄNDISCHEN KÜCHE. SÜSSE UND WÜRZIGE AROMEN DOMINIEREN, DER CURRY IST JEDOCH NICHT ALLZU SCHARF. DIE TAMARINDE STEUERT EINEN LEICHT SAUREN GESCHMACK BEI. DIES IST EINES DER WENIGEN THAI-GERICHTE MIT KARTOFFELN.

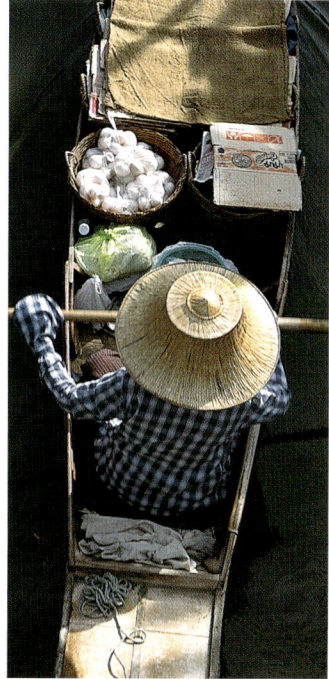

Händler im Boot

2 Stücke Stangenzimt

10 Kardamomkörner

5 Nelken

2 EL Pflanzenöl

2 EL Massaman-Currypaste
(Seite 276) oder fertige Paste

800 g Rinderflanke oder
Rumpsteak, in 5 cm große Würfel
geschnitten

410 ml dünne Kokosmilch
(Seite 279)

250 ml Rindfleischbrühe

2–3 Kartoffeln, in 2,5 cm große
Stücke geschnitten

2 cm Ingwer, gerieben

3 EL Fischsauce

3 EL Palmzucker

110 g geröstete, gesalzene
Erdnüsse ohne Haut

3 EL Tamarindenmus

4 PORTIONEN

STANGENZIMT, Kardamom und Nelken im Wok oder Topf ohne Fett bei schwacher Hitze rösten. Die Gewürze etwa 2 bis 3 Minuten rühren, bis sie duften. Aus dem Topf nehmen.

DAS ÖL im selben Topf oder Wok erhitzen, die Massaman-Paste bei mittlerer Hitze 2 Minuten unter Rühren anbraten, bis sie duftet.

DAS Fleisch hinzugeben und weitere 5 Minuten unter Rühren braten. Kokosmilch, Brühe, Kartoffeln, Ingwer, Fischsauce, Palmzucker, drei Viertel der Erdnüsse, Tamarindenmus und die gerösteten Gewürze hinzufügen. Bei schwacher Hitze 50 bis 60 Minuten köcheln, bis das Fleisch zart und die Kartoffeln gerade gar sind. Abschmecken. In einer Schüssel mit den restlichen Erdnüssen garnieren.

Wie viele Thai-Currys ist dieser relativ schnell fertig. Das Fleisch immer wieder umrühren, bis Flüssigkeit hinzukommt.

Betrieb in Bankok

KAENG PHANAENG NEUA

PANAENG-CURRY MIT RIND

PANAENG-CURRY IST EIN TROCKENER, GEHALTVOLLER CURRY MIT ETWAS KOKOSMILCH UND EINER TROCKENEN (PANAENG) CURRYPASTE AUS ROTEN CHILIS, ZITRONENGRAS, GALGANT UND ERDNÜSSEN. ER IST NICHT ZU SCHARF UND SÜSSSAUER. DAZU EIGNET SICH JEDES ZARTE STÜCK RIND.

2 EL Pflanzenöl
2 EL trockene Currypaste
  (Seite 272) oder fertige Paste
700 g Rinderflanke, in Streifen
  geschnitten
185 ml dünne Kokosmilch
  (Seite 279)
1 EL Fischsauce
1 EL Palmzucker
3 EL Tamarindenmus
2 Limettenblätter, in feine Streifen
  geschnitten, zum Garnieren
$\frac{1}{2}$ lange rote Chili, entkernt, in
  dünne Ringe geschnitten,
  zum Garnieren
Gurkenrelish (Seite 287),
  zum Servieren

4 PORTIONEN

DAS Öl in einem Topf oder Wok erhitzen, die Currypaste bei mittlerer Hitze 2 Minuten unter Rühren anbraten, bis sie duftet.

DAS Fleisch hinzugeben und 5 Minuten rühren. Fast die ganze Kokosmilch, die Fischsauce, den Palmzucker und das Tamarindenmus hinzufügen und bei schwacher Hitze weiterkochen. Aufgedeckt 5 bis 7 Minuten köcheln lassen. Dieser Curry soll zwar trocken sein, aber beim Kochen kann nach Geschmack noch etwas Wasser angegossen werden. Abschmecken.

DEN Curry in eine Servierschüssel füllen, die restliche Kokosmilch darüber gießen, mit Limettenblättern und Chiliringen garnieren. Mit Gurkenrelish servieren.

KAENG KHIAW-WAAN KAI

GRÜNER CURRY MIT HUHN

DIESER KLASSIKER SOLLTE NICHT EXTREM SCHARF ZUBEREITET WERDEN. ER BERUHT AUF EINER PASTE AUS CHILI, GALGANT UND ZITRONENGRAS. BITTERE GEMÜSE WIE THAI-AUBERGINEN KONTRASTIEREN MIT DER SÜSSEN KOKOSMILCH. STATT HUHN EIGNET SICH AUCH ZARTES STEAK.

60 ml dicke Kokosmilch (Seite 279)
2 EL grüne Currypaste (Seite 275)
   oder fertige Paste
350 g gehäutetes Hühnerbeinfilet,
   in Scheiben geschnitten
440 ml dünne Kokosmilch
   (Seite 279)
2 ½ EL Fischsauce
1 EL Palmzucker
350 g Thai-Auberginen, geviertelt,
   und Pfirsich-Auberginen
50 g Galgant, in feine Stifte
   geschnitten
7 Kaffirlimettenblätter, in zwei Teile
   gerissen
1 Handvoll Anis-Basilikumblätter,
   zum Garnieren
1 lange rote Chili, entkernt, in dünne
   Ringe geschnitten, zum Garnieren

4 PORTIONEN

DIE dicke Kokosmilch im Wok oder einem Topf bei mittlerer Hitze 5 Minuten köcheln, bis die Milch gerinnt und sich eine Ölschicht an der Oberfläche bildet. Wenn sie am Rand braun wird, umrühren. Die Currypaste gut unterrühren und kochen, bis sie duftet.

DAS Fleisch hinzugeben und einige Minuten rühren. Fast die ganze Kokosmilch, die Fischsauce und den Palmzucker hinzufügen und weitere 5 Minuten bei mittlerer Hitze köcheln.

AUBERGINEN hinzugeben, weitere 5 Minuten kochen, dabei gelegentlich umrühren, bis das Gemüse gar ist. Galgant und Limettenblätter hinzufügen. Abschmecken. In eine Servierschüssel geben, die restliche Kokosmilch darübergießen, mit Basilikum und Chili garnieren.

Verschiedene Auberginenarten sind in Thailand sehr beliebt. Sie sind auch schnell gar.

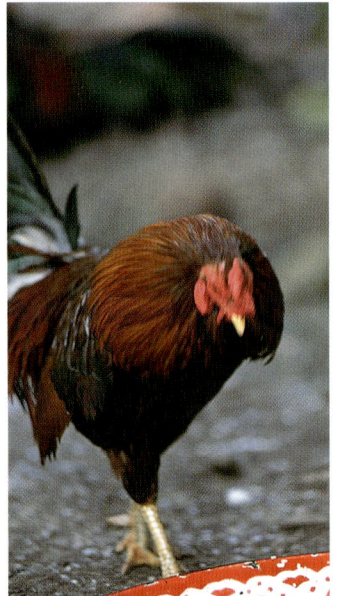

GELBER CURRY MIT HUHN UND PFEFFERKÖRNERN

FRISCHE PFEFFERKÖRNER SIND AROMATISCH UND SCHARF UND BETONEN DAS AROMA ALLER CURRYS, DIE DAMIT GEWÜRZT WERDEN. DIE GANZEN ZWEIGE BITTE NICHT MITESSEN, DENN WIE DER FERTIGE PFEFFER SIND SIE ÄUSSERST SCHARF.

60 ml dicke Kokosmilch (Seite 279)
2 EL gelbe Currypaste (Seite 275)
   oder fertige Paste
1 EL Fischsauce
2 TL Palmzucker
¼ TL Kurkuma
600 g Hühnerbeinfilet, in dünne
   Scheiben geschnitten
440 ml dünne Kokosmilch
   (Seite 279)
100 g Bambussprossen, in dünne
   Ringe geschnitten
4 Zweige frische grüne Pfefferkörner
4–6 Kaffirlimettenblätter
12 Blätter Anis-Basilikum

4 PORTIONEN

DIE dicke Kokosmilch im Wok oder einem Topf bei mittlerer Hitze 5 Minuten köcheln, bis die Milch gerinnt und sich eine Ölschicht an der Oberfläche bildet. Wenn sie am Rand braun wird, umrühren.

DIE Currypaste gut unterrühren und kochen, bis sie duftet. Fischsauce, Palmzucker und Kurkuma unterrühren.

DAS Fleisch hineingeben und umrühren, bis es gleichmäßig mit der Gewürzmischung bedeckt ist. Bei mittlerer Hitze 5 Minuten kochen, gelegentlich umrühren, die Kokosmilch esslöffelweise hinzugeben. Bambus, Pfeffer, Limettenblätter und Basilikum hinzufügen und weitere 5 Minuten kochen.

Garnelenpaste auf dem Markt

KAENG PHET PLA KUP NAW MAI

ROTER CURRY MIT FISCH UND BAMBUSSPROSSEN

ES GIBT GESCHMACKLICH VIELE VERSCHIEDENE ROTE CURRYS IN THAILAND. ROTE CURRYS SIND, IM VERGLEICH ZU TROCKENEN CURRYS WIE PANAENG, EHER FLÜSSIG. DAFÜR EIGNEN SICH FESTE FISCHSORTEN, DIE NICHT ZERFALLEN, WIE ZUM BEISPIEL WELS.

60 ml dicke Kokosmilch (Seite 279)

2 EL rote Currypaste (Seite 276)
   oder fertige Paste

440 ml dünne Kokosmilch
   (Seite 279)

1 $\frac{1}{2}$–2 EL Palmzucker

3 EL Fischsauce

350 g festes weißes Fischfilet,
   gehäutet, in 3 cm große Würfel
   geschnitten

275 g Bambussprossen (Dose),
   abgetropft, in dünne Stifte
   geschnitten

50 g Galgant, in feine Scheiben
   geschnitten

5 Kaffirlimettenblätter, in zwei Teile
   gerissen

1 Handvoll Anis-Basilikumblätter,
   zum Garnieren

1 lange rote Chili, entkernt, in dünne
   Ringe geschnitten, zum Garnieren

4 PORTIONEN

DIE dicke Kokosmilch im Wok oder einem Topf bei mittlerer Hitze 5 Minuten köcheln, bis die Milch gerinnt und sich eine Ölschicht an der Oberfläche bildet. Wenn sie am Rand braun wird, umrühren. Die Currypaste gut unterrühren und kochen, bis sie duftet.

KOKOSMILCH einrühren, dann Zucker und Fischsauce 2 bis 3 Minuten kochen lassen. Den Fisch und die Bambussprossen hinzugeben und 5 Minuten köcheln, bis der Fisch gar ist; gelegentlich umrühren.

GALGANT und Limettenblätter hinzufügen. Abschmecken. Auf eine Servierplatte geben und mit Basilikum und Chili verzieren.

Den Fisch in mundgerechte Stücke, die Bambussprossen in dünne Stifte schneiden.

Dieser Curry mit Kokosmilch, Ente und Obst ist sehr gehaltvoll. Die Litschis nur einige Minuten mitkochen.

ROTER CURRY MIT ENTE UND LITSCHIS

IN THAILAND WIRD DIESE SPEZIALITÄT OFT BEI TRADITIONELLEN FESTESSEN SERVIERT, WIE DER ORDINATION BUDDHISTISCHER MÖNCHE, EINER HOCHZEIT ODER ZU NEUJAHR. ES IST SEHR GEHALTVOLL UND SOLLTE MIT EINEM SALAT SERVIERT WERDEN, DER DIE SAUCE WIEDER AUSGLEICHT.

60 ml dicke Kokosmilch (Seite 279)
2 EL rote Currypaste (Seite 276)
   oder fertige Paste
1/2 gebratene Ente, entbeint und
   gehackt
440 ml dünne Kokosmilch
   (Seite 279)
2 EL Fischsauce
1 EL Palmzucker
225 g Litschis (Dose), abgetropft
110 g Babytomaten
7 Kaffirlimettenblätter, in zwei Teile
   gerissen
1 Handvoll Anis-Basilikumblätter,
   zum Garnieren
1 lange rote Chili, entkernt, in dünne
   Ringe geschnitten, zum Garnieren

4 PORTIONEN

DIE dicke Kokosmilch im Wok oder einem Topf bei mittlerer Hitze 5 Minuten köcheln, bis die Milch gerinnt und sich eine Ölschicht an der Oberfläche bildet. Wenn sie am Rand braun wird, umrühren. Die Currypaste gut unterrühren und kochen, bis sie duftet.

DAS Fleisch hinzugeben und 5 Minuten rühren. Kokosmilch, Fischsauce und Palmzucker hinzufügen und weitere 5 Minuten bei mittlerer Hitze köcheln. Litschis und Babytomaten hinzugeben und 1 bis 2 Minuten kochen. Die Limettenblätter hinzufügen. Abschmecken. In einer Servierschüssel mit Basilikum und Chili verzieren.

KAENG KUNG MANGKAWN

WÜRZIGER CURRY MIT HUMMER UND ANANAS

DIESER ROTE CURRY WIRD DURCH DEN HUMMER ZWAR ETWAS KOSTSPIELIG, EIGNET SICH ABER HERVORRAGEND FÜR BESONDERE ANLÄSSE. GARNELEN ODER KREBSHÄLFTEN PASSEN EBENSO GUT DAZU. DIE SAUCE KANN AUCH EINZELN ZU GEGRILLTEN HUMMERHÄLFTEN SERVIERT WERDEN.

Wird die Mischung dunkler, die Ananasstücke hinzufügen.

60 ml dicke Kokosmilch (Seite 279)
2 EL rote Currypaste (Seite 276)
   oder fertige Paste
1 EL Fischsauce
1 EL Palmzucker
250 ml dünne Kokosmilch
   (Seite 279)
200 g frische Ananas, in mundgerechte Spalten geschnitten
300 g Hummerschwanz
3 Kaffirlimettenblätter, 2 in Stücke
   gerissen, 1 gehackt
1 EL Tamarindenmus
50 g Anis-Basilikumblätter,
   zum Garnieren
1 lange rote Chili, entkernt, in dünne
   Ringe geschnitten, zum Garnieren

4 PORTIONEN

DIE dicke Kokosmilch im Wok oder einem Topf bei mittlerer Hitze 5 Minuten köcheln, bis die Milch gerinnt und sich eine Ölschicht an der Oberfläche bildet. Wenn sie am Rand braun wird, umrühren.

DIE Currypaste gut unterrühren und kochen, bis sie duftet. Fischsauce und Zucker unterrühren und 4 bis 5 Minuten kochen, dabei ständig rühren. Die Mischung sollte dunkler werden.

KOKOSMILCH und Ananas einrühren und 6 bis 8 Minuten köcheln, bis die Ananas weich wird. Hummerschwänze, Limettenblätter, Tamarindenmus und Basilikum zufügen. Weitere 5 bis 6 Minuten kochen, bis der Hummer fest wird. Mit Basilikum und Chili bestreut servieren.

Strände im Nationalpark Khao Sok

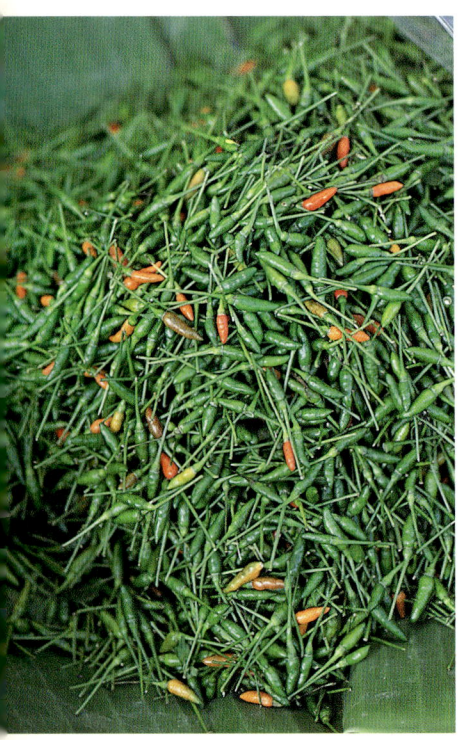

Den Fisch mit nassen Händen zu Kugeln rollen. Alle gleichzeitig in den Curry geben, damit sie gleichmäßig garen.

GRÜNER CURRY MIT FISCHBÄLLCHEN

ZU DIESEM KLASSISCHEN GERICHT GEHÖREN FISCHBÄLLCHEN ODER -KLÖSSCHEN; AUCH IN STREIFEN GESCHNITTENER FISCH EIGNET SICH GUT. DER FISCH WIRD GEMAHLEN UND DANN ZERSTOSSEN, UM EINE BESSERE STRUKTUR ZU ERHALTEN. MIT GESALZENEN EIERN UND REIS SERVIEREN.

350 g weißes Fischfilet, gehäutet und entgrätet, in Stücke geschnitten

60 ml dicke Kokosmilch (Seite 279)

2 EL grüne Currypaste (Seite 275) oder fertige Paste

440 ml dünne Kokosmilch (Seite 279)

350 g gemischte Thai-Auberginen, geviertelt, und 50 g Erbsen-Auberginen

2 EL Fischsauce

2 EL Palmzucker

50 g Galgant, in feine Scheiben geschnitten

3 Kaffirlimettenblätter, in zwei Teile gerissen

1 Handvoll Thai-Basilikum, zum Garnieren

½ lange rote Chilli, entkernt, in dünne Ringe geschnitten, zum Garnieren

4 PORTIONEN

IM Mixer das Fischfilet zu einer glatten Paste verarbeiten. (Die Paste eventuell mit dem Mörser weitere 10 Minuten zerstoßen, sodass sie bissfester wird.)

DIE dicke Kokosmilch im Wok oder in einem Topf bei mittlerer Hitze 5 Minuten köcheln, bis die Milch gerinnt und sich eine Ölschicht an der Oberfläche bildet. Wenn sie am Rand braun wird, umrühren. Die Currypaste gut unterrühren und kochen, bis sie duftet. Fast die ganze Kokosmilch gut unterrühren.

MIT einem Löffel oder feuchten Händen Bällchen oder Scheiben von 2 cm Durchmesser aus der Fischpaste formen und in den Wok geben. Auberginen, Fischsauce und Zucker hinzugeben und 12 bis 15 Minuten kochen, bis Fisch und Auberginen gar sind; gelegentlich umrühren.

GALGANT und Limettenblätter hinzufügen. Abschmecken. In einer Servierschüssel mit der restlichen Kokosmilch übergießen und mit Basilikum und Chili garnieren.

CURRY PASTEN *(khreuang kaeng)* werden zu Hause im Granitmörser hergestellt. Trocken geröstete Korianderkörner, schwarzer Pfeffer und Kreuzkümmel sind die Grundlage. Sie werden zunächst fein vermahlen. Dann werden die frischen Zutaten vorbereitet, hier von Sompon Nabnian: ganze grüne »himmelwärts« gerichtete Chilis, gehackter Galgant, in Scheiben geschnittenes Zitronengras und Anis-Basilikum (ohne

GEWÜRZE

DIE THAI-KÜCHE BERUHT AUF EINER VIELZAHL KRÄFTIG AROMATISCHER ZUTATEN. TROTZ IHRER VERSCHIEDENHEIT WERDEN SIE ZU RAFFINIERTEN, FEIN AUSGEWOGENEN MISCHUNGEN KOMBINIERT.

Currypasten enthalten oft trockene Gewürze, doch die meisten Thai-Gewürze sind frisch. Sie bestimmen den typischen Thai-Geschmack und verleihen den Gerichten mehr Biss. Die harmonische Mischung der Geschmacksrichtungen scharf, sauer, süß und salzig ist sehr wichtig, ebenso wie der Duft.

SCHARF *(phed)* Die Schärfe stammt fast immer von Chilis, die manchmal von frischen Pfefferkörnern, schwarzem oder weißem Pfeffer unterstützt werden. In der Thai-Küche gibt es etwa zwölf verschiedene Chilis mit jeweils eigenem Aroma, Geschmack und Schärfegrad (siehe Seite 174). Je nach Rezept sind sie frisch oder getrocknet.

SAUER *(priaw)* Säure stammt von Limettensaft, der Schale und den Blättern der Kaffir-Limette, Tamarinde oder seltener Ambarella (einer südostasiatischen Frucht, die an eine kleine Mango erinnert).

SÜSS *(waan)* Süße wird mit Palm-, Kokos- oder Rohrzucker und Kokosmilch erreicht.

SALZIG *(khem)* Fischsauce und Garnelenpaste machen ein Gericht salziger. Salz selbst wird zwar als Zutat verwendet, aber nicht als alleiniges Gewürz, außer bei frischem Obst.

FERTIG-CURRYPASTEN Diese Pasten, hier in der Fabric Valcom, werden ebenso hergestellt wie zu Hause, nur in größerem Maßstab. Frische Zutaten wie Knoblauch, Schalotten, Ingwer, Galgant, Chili und Zitronengras werden geschält und gewaschen, in einer großen Schüssel gemischt und in ein Mahlwerk geschüttet. Die Paste wird zwei- bis dreimal gemahlen. Das richtet sich nach der Marke. Mit jedem

Stängel). Die frischen Zutaten werden mit etwas Garnelenpaste, Korianderwurzel, Knoblauch, Kaffir-Limettenschale und Tamarinde im Mörser etwa 15 Minuten lang zu einer glatten Paste zerstoßen. Von Hand gestoßene Currypaste schmeckt intensiver als maschinell hergestellte, denn die Zutaten werden eher zerdrückt als gehackt. Ein schwerer Mörser aus Granit erleichtert die Arbeit.

DUFT

Das Aroma verschiedener Kräuter, Gemüse, Knollen und Blätter gibt thailändischen Gerichten ihren eigenen Charakter. Robuste Kräuter und Wurzeln wie Zitronengras, Ingwer, Galgant, Kurkuma, Krachai und Korianderwurzeln werden zu Pasten verarbeitet und können einige Zeit mitgekocht werden. Knoblauch und Schalotten sind ebenfalls wichtig. Sie werden oft einfach mit der Messerklinge zerdrückt statt geschält und fein gehackt. Auch Blattkräuter wie Koriander, Anis-Basilikum, Limettenblätter, Thai-Basilikum und Minze sind häufig. Weniger oft kommt z. B. langblättriger Koriander *(phak chii)* vor. Diese Kräuter sind roh oder kaum gekocht besonders aromatisch. Frische Kräuterzweige, etwa Minze *(sara-nae)* und Thai-Basilikum, werden auch als Beilage zu manchen Gerichten gegessen. Duftende Pandanusblätter eignen sich als Verpackung und Würze. Sie sollen nach Vanille schmecken und Pandanus-Essenz wird für manche Süßspeisen wie Vanille-Essenz verwendet.

Mahlgang wird die Paste feiner. Nach dem Pasteurisieren wird sie in sterilisierte Gläser abgefüllt und etikettiert. Fertig-Currypaste wie diese wird meist ins Ausland verkauft, manche Sorten werden auch in Thailand verwendet, vor allem da die Supermärkte dem Straßenmarkt langsam den Rang ablaufen. Valcom stellt rote, grüne, Massaman- und Tom-yam-Pasten her.

CHILIS *(phrik)* Fast ein Dutzend Sorten spielen in der Thai-Küche eine Rolle, obwohl die Pflanze in der Region gar nicht heimisch ist. Chilis geben dem Gericht Farbe und Aroma. Unten von links nach rechts: rote Chilis *(phrik chinda),* die nach ihrer Herkunftsregion benannt sind; grüne und rote Vogelaugenchilis *(phrik khii nuu),* die schärfste in Thailand erhältliche Sorte; »himmelweisende« Chilis *(phrik chii faa),* rot und grün, werden frisch oder getrocknet verwendet; orange Chilis *(phrik leuang)* sind selten und schmecken sauer und scharf.

TOM-YAM-GEWÜRZE Gewürze werden häufig in Portionsbündeln verkauft, die für ein bestimmtes Gericht zusammengestellt wurden, hier für Tom-Yam-Suppe.

GALGANT *(Khaa)* Rhizom mit scharf pfeffrigem Geschmack. Junger Galgant kann roh gegessen werden. Ältere Stücke eignen sich besser für Currypaste.

KORIANDER *(Phak chii)* wird bündelweise mit der Wurzel verkauft. Alle Pflanzenteile, Wurzeln, Stängel und Blätter, werden verwendet.

KURKUMA *(Kha-min)* Es gibt drei Arten Kurkuma: roten (oben), Zetwerwurzel und weißen. Die ersten beiden werden mitgekocht, der weiße wird roh gegessen.

LIMETTENBLÄTTER *(bai makrut)* Kaffir-Limetten haben doppelte Blätter. Blätter und knubbelige Schale werden in der Küche verwendet, der bittere Saft nicht.

SCHALOTTEN *(hawm)* Diese winzigen roten Schalotten sind in der Thai-Küche allgegenwärtig. Sie werden oft nur, mit der Messerklinge zerdrückt, verwendet.

THAI-BASILIKUM *(bai ka-phrao)* Diese Basilikumart schmeckt scharf und blüht weiß (oben) oder rot. Sie wird zu Meeresfrüchten und Pfannengerührtem gegeben.

ZITRONENGRAS *(ta-khrai)* Von diesem beliebten Gewürz sollte nur das zarte Innere der Stängel verwendet werden. Bis auf den violetten Ring abschälen.

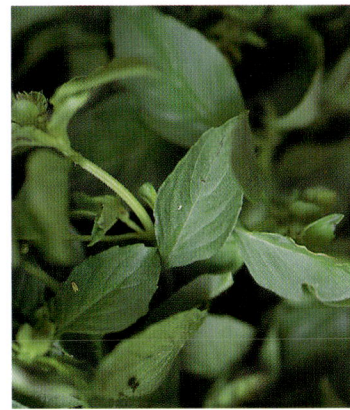

ZITRONENBASILIKUM *(bai maeng-lak)* Die seltene Basilikumart wird für Suppen und Fischcurrys verwendet. Sie hat zarte Blätter.

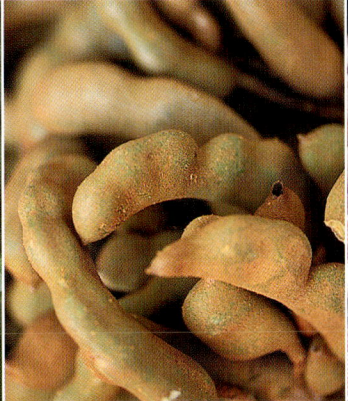

TAMARINDE *(ma-khaam)* Hier die Hülse; häufig als faseriges Mus im Handel; das eingeweicht wird, sodass sich eine scharfe Flüssigkeit absetzt.

KNOBLAUCH *(kra-tiam)* Thai-Knoblauch ist milder, süßer und kleiner als europäischer und wird oft knusprig frittiert zum Garnieren verwendet.

ANIS-BASILIKUM *(Bai horapha)* Das Kraut wird für Currys und Suppen verwendet und hat ein intensives Anisaroma, das als typisch thailändisch gilt.

PFANNENGERÜHRTES

Markt in Warorot

NEUA PHAT BAI HOHRAPHA

RINDFLEISCH MIT ANIS-BASILIKUM

ANIS-BASILIKUM IST EIN TROPISCHES KRAUT, DESSEN DUFT UND GESCHMACK FÜR DIE THAI-KÜCHE CHARAKTERISTISCH IST. IN DIESEM REZEPT KANN ES DURCH NICHTS ERSETZT WERDEN. DER WOK SOLLTE SEHR HEISS SEIN, SODASS DAS GERICHT IN HÖCHSTENS 7 BIS 8 MINUTEN GAR WIRD.

1 EL Fischsauce

3 EL Austernsauce

4 EL Gemüse- oder Hühnerbrühe
   oder Wasser

1/2 TL Zucker

2 EL Pflanzenöl

4 Knoblauchzehen, fein gehackt

3 Vogelaugenchilis, leicht mit der
   Messerklinge zerdrückt

500 g mageres Rump- oder Filetsteak, in dünne Scheiben
   geschnitten

1 mittelgroße Zwiebel, in schmale
   Spalten geschnitten

2 Handvoll Anis-Basilikum

4 PORTIONEN

IN einer kleinen Schüssel Fischsauce, Austern-sauce, Brühe und Zucker mischen.

DAS Öl im kleinen Wok oder einer Pfanne erhitzen, die Hälfte des Knoblauchs bei mittlerer Hitze unter Rühren goldbraun braten. Die Hälfte der zerdrück-ten Chilis und des Fleisches zugeben, bei starker Hitze unter Rühren 2 bis 3 Minuten braten, bis das Fleisch gar ist. Aus dem Wok nehmen und mit der zweiten Hälfte der Zutaten wiederholen. Alles Fleisch in den Wok zurückgeben.

ZWIEBEL und Fischsauce hinzufügen und eine weitere Minute unter Rühren braten.

DAS Basilikum hinzugeben und anbraten, bis es welk wird. Abschmecken. Auf einer Platte servie-ren.

PHAT NEUA TAO JIAW DAM

RINDFLEISCH MIT BRAUNER SAUCE

VON DIESEM CHINESISCHEN GERICHT GIBT ES IN THAILAND MEHRERE VARIANTEN. HIER WIRD ES MIT
SPARGELBOHNEN UND RINDFLEISCH ZUBEREITET. FERMENTIERTE SOJABOHNEN WERDEN IN CHINESI-
SCHEN SPEZIALITÄTENGESCHÄFTEN IM GLAS VERKAUFT.

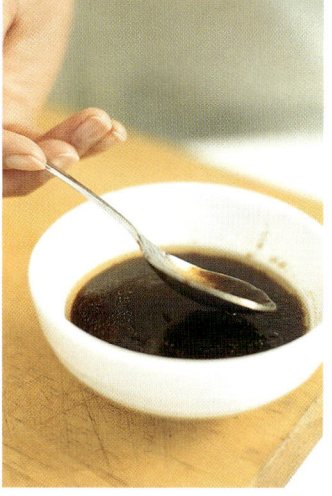

1 EL fermentierte Sojabohnen,
    abgespült und grob zerdrückt
3 EL Gemüse- oder Hühnerbrühe
    oder Wasser
1 EL Fischsauce
1 EL Austernsauce
1 EL Sesamöl
1/2 TL Zucker
1 EL Pflanzenöl
3–4 Knoblauchzehen, fein gehackt
250 g mageres Rump- oder Filet-
    steak, in dünne Scheiben
    geschnitten
1/2 kleine Möhre, fein gestiftet
4 Spargelbohnen, in 5 cm lange
    Stücke geschnitten
2 Frühlingszwiebeln, in 2,5 cm lange
    Stücke geschnitten
einige Korianderblätter, zum
    Garnieren

4 PORTIONEN

IN einer kleinen Schüssel fermentierte Sojabohnen,
Brühe, Fischsauce, Austernsauce, Sesamöl und
Zucker mischen.

DAS Öl im Wok oder in einer Pfanne erhitzen, die
Hälfte des Knoblauchs bei mittlerer Hitze unter
Rühren goldbraun braten. Die Hälfte des Fleisches
zugeben, bei mittlerer Hitze unter Rühren 3 bis
4 Minuten braten, bis das Fleisch gar ist. Aus dem
Wok nehmen. Mit dem restlichen Knoblauch und
Fleisch wiederholen. Alles zurück in den Wok
legen.

MÖHRE, Bohnen und Sauce in den Wok geben
und weitere 1 bis 2 Minuten unter Rühren braten.
Abschmecken. Die Frühlingszwiebeln einrühren
und einige Sekunden kochen. Auf einer Servierplatte mit Koriander garnieren.

Die Sojabohnen mit Brühe, Saucen, Öl und Zucker mischen.

HUHN MIT KNUSPRIGEM THAI-BASILIKUM

DIES IST EINS DER AM WEITESTEN VERBREITETEN GERICHTE IN THAILAND. THAI-BASILIKUM GIBT ES IN ROT UND GRÜN. ES SCHMECKT SCHARF UND ETWAS SCHNEIDEND; IN PFANNENGERÜHRTEN GERICH-TEN WIRD ES OFT MIT CHILI KOMBINIERT. MIT REICHLICH REIS SERVIEREN.

500 g gehäutetes Hühnerbrustfilet, in dünne Scheiben geschnitten

4–5 Knoblauchzehen, fein gehackt

4–5 kleine rote oder grüne Vogelau-genchilis, leicht zerdrückt

1 EL Fischsauce

2 EL Austernsauce

Pflanzenöl zum Frittieren

2 Handvoll Thai-Basilikum

2 EL Gemüse- oder Hühnerbrühe oder Wasser

1/2 EL Zucker

1 rote Paprika, in mundgerechte Stücke geschnitten

1 mittelgroße Zwiebel, in schmale Spalten geschnitten

4 PORTIONEN

IN einer Schüssel Huhn, Knoblauch, Chilis, Fisch-sauce und Austernsauce mischen. Mit Folie ab-decken und mindestens 30 Minuten im Kühl-schrank marinieren.

BEI mittlerer Hitze 5 cm Öl im Wok oder in einer Pfanne erhitzen. Wenn das Öl heiß ist, einige Basi-likumblätter hineingeben. Wenn es sofort zischt, ist das Öl heiß genug. Drei Viertel der Basilikumblätter in 1 Minute knusprig frittieren Mit einem Schaum-löffel herausnehmen und auf Küchenpapier ab-tropfen lassen. Das restliche Öl abgießen.

IM selben Wok 2 EL ÖL erhitzen, die Hälfte des Fleisches bei starker Hitze unter Rühren 3 bis 4 Minuten braten. Aus dem Wok nehmen und mit dem restlichen Fleisch wiederholen. Alles Fleisch zurück in den Wok legen.

BRÜHE und Zucker in den Wok gießen, dann Paprika und Zwiebel hineinrühren und 1 bis 2 Minuten unter Rühren braten. Die frischen Basilikumblätter unterrühren. Abschmecken. Mit den frittierten Basilikumblättern garnieren.

Schwimmender Markt in Dam-noen

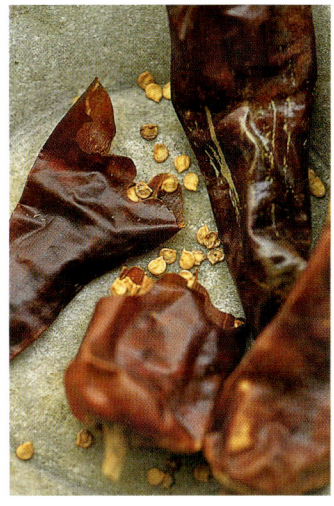

HUHN MIT CASHEWNÜSSEN

DIESES BELIEBTE GERICHT IST TYPISCH CHINESISCH, WIRD ABER IN VIELEN THAI-RESTAURANTS ANGE-
BOTEN. DIE CASHEWNÜSSE SIND IN DER TAT EINE THAILÄNDISCHE ZUTAT. WERDEN DIE NÜSSE SEPA-
RAT GERÖSTET, VERSTÄRKT DAS IHR AROMA UND GIBT DEM GANZEN EINEN NUSSIGEN GESCHMACK.

1–2 getrocknete, lange rote Chilis
1 EL Fischsauce
2 EL Austernsauce
3 EL Gemüse- oder Hühnerbrühe
 oder Wasser
$1/2$–1 TL Zucker
4 EL Pflanzenöl
80 g Cashewnüsse
4–5 Knoblauchzehen, fein gehackt
500 g gehäutetes Hühnerbrustfilet,
 in dünne Scheiben geschnitten
$1/2$ rote Paprika, in dünne Streifen
 geschnitten
$1/2$ Möhre, schräg in Scheiben
 geschnitten
1 kleine Zwiebel, in 6 Spalten
 geschnitten
2 Frühlingszwiebeln, in 1 cm lange
 Stücke geschnitten
gemahlener weißer Pfeffer, zum
 Bestreuen

4 PORTIONEN

DIE Stiele der getrockneten Chilis abschneiden, die Schoten mit dem Messer oder der Schere in 1 cm lange Stücke schneiden, die Samen herausnehmen.

IN einer kleinen Schüssel Fischsauce, Austernsauce, Brühe und Zucker mischen.

BEI mittlerer Hitze das Öl im Wok erhitzen, die Cashewnüsse in 2 bis 3 Minuten unter Rühren goldbraun braten. Mit einem Schaumlöffel herausnehmen und auf Küchenpapier abtropfen lassen.

DIE Chilis im selben Öl bei mittlerer Hitze 1 Minute unter Rühren anbraten. Sie sollten dunkler, aber nicht schwarz werden. Mit dem Schaumlöffel aus dem Öl nehmen.

DAS Öl nochmal erhitzen, die Hälfte des Knoblauchs bei mittlerer Hitze unter Rühren goldbraun braten. Die Hälfte des Fleisches zugeben, bei starker Hitze unter Rühren 4 bis 5 Minuten braten, bis es gar ist. Aus dem Wok nehmen und mit der zweiten Hälfte der Zutaten wiederholen. Alles Fleisch in den Wok geben.

PAPRIKA, Möhre, Zwiebel und Sauce in den Wok geben und 1 bis 2 Minuten unter Rühren braten. Abschmecken.

CASHEWNÜSSE, Chilis und Frühlingszwiebeln gründlich unterheben. Mit gemahlenem Pfeffer bestreuen.

Wat Saen Fang in Chiang Mai

GEMISCHTE MEERESFRÜCHTE MIT CHILI

DIE VOGELAUGENCHILIS MACHEN DIESES GERICHT SCHON RECHT SCHARF; WER ES NOCH SCHÄRFER MAG, GIBT EINIGE SCHOTEN MEHR DAZU. MIT REICHLICH JASMINREIS UND EINEM KOKOS-CURRY SERVIEREN, UM DIE SCHÄRFE ETWAS ZU MILDERN.

450 g gemischte Meeresfrüchte wie Garnelen, Tintenfische und Kammmuscheln
2 EL Pflanzenöl
3–4 Knoblauchzehen, fein gehackt
1 grüne Paprika, in mundgerechte Stücke geschnitten
1 kleine Zwiebel, in dünne Scheiben geschnitten
5 Spargelbohnen, in 2,5 cm lange Stücke geschnitten
1 cm Ingwer, fein gerieben
4 Vogelaugenchilis, leicht zerdrückt
1 EL Austernsauce
$\frac{1}{2}$ EL helle Sojasauce
$\frac{1}{4}$ TL Zucker
1 lange rote Chili (nach Geschmack), entkernt, schräg in Ringe geschnitten
1–2 Frühlingszwiebeln, in dünne Ringe geschnitten
einige Basilikum- oder Korianderblätter, zum Garnieren

4 PORTIONEN

DIE Garnelen schälen und putzen, entlang der Rückseite aufschneiden (Vorderseite und Schwanz zusammenlassen). Den Tintenfisch häuten und die Innenseite ausspülen. Halbieren und die Hälften öffnen. Die Innenseite schräg einschneiden, sodass ein Karomuster entsteht, dann in Würfel schneiden. Darm, Häute oder hartes weißes Fleisch von den Kammmuscheln entfernen. Sie können ganz bleiben, große Exemplare eventuell halbieren.

DAS ÖL im Wok oder einer Pfanne erhitzen, den Knoblauch bei mittlerer Hitze unter Rühren goldbraun braten. Paprika, Zwiebel, Bohnen, Ingwer und Chilis hinzugeben und 1 Minute unter Rühren braten.

ERST die Garnelen, dann die Muscheln und schließlich den Tintenfisch hinzufügen und einzeln gründlich unterheben. Austernsauce, Sojasauce und Zucker hinzugeben und 2 bis 3 Minuten unter Rühren braten, bis die Garnelen sich öffnen und rosa werden und die Meeresfrüchte gar sind.

CHILIS und Frühlingszwiebeln unterheben. Abschmecken. Auf einer Servierplatte mit Basilikum- oder Korianderblättern garnieren.

Mangroven in Phang-nga

KAI PHAT NAAM JIM PHRIK
HUHN MIT CHILIGELEE

CHILIGELEE ODER GERÖSTETE CHILIPASTE WIRD ALS WÜRZSAUCE ODER ZUTAT FÜR VERSCHIEDENE GERICHTE VERWENDET. HIER GIBT ES EIN KOMPLEXERES, SÜSSES CHILIAROMA ALS EINFACHE SCHOTEN. ERST EINE KLEINE MENGE ZUGEBEN, DANN ABSCHMECKEN UND BEI BEDARF WEITER WÜRZEN.

Die Sauce vor dem Kochen anrühren, dann kann sie bei Bedarf angegossen werden.

2 TL Fischsauce
2 EL Austernsauce
60 ml dünne Kokosmilch (Seite 279)
$\frac{1}{2}$ TL Zucker
2 $\frac{1}{2}$ EL Pflanzenöl
6 Knoblauchzehen, fein gehackt
1–1$\frac{1}{2}$ EL Chiligelee (Seite 283), nach Geschmack
500 g gehäutetes Hühnerbrustfilet, in dünne Scheiben geschnitten
1 Handvoll Thai-Basilikum
1 lange rote oder grüne Chili, entkernt, in dünne Ringe geschnitten, zum Garnieren

4 PORTIONEN

IN einer kleinen Schüssel Fischsauce, Austernsauce, Kokosmilch und Zucker mischen.

DAS Öl in einem Wok oder einer Pfanne erhitzen, die Hälfte des Knoblauchs bei mittlerer Hitze unter Rühren goldbraun braten. Die Hälfte des Chiligelees hinzugeben, weitere 2 Minuten braten, bis es duftet. Die Hälfte des Fleisches hinzugeben und bei starker Hitze 2 bis 3 Minuten unter Rühren braten. Aus dem Wok nehmen. Mit dem restlichen Knoblauch, Chiligelee und Fleisch wiederholen. Alles zurück in den Wok geben.

DIE Fischsauce in den Wok gießen und einige Sekunden weiter braten, bis das Fleisch gar ist. Abschmecken. Das Basilikum unterrühren. Mit Chiliringen garnieren.

Salz aus dem Golf von Thailand

Pilze und Tofu in gleich große Stücke schneiden, damit sie im Wok gleichmäßig garen.

HET PHAT TAO-HUU
PILZE MIT TOFU

TOFU UND PILZE WERDEN IN CHINESISCHEN GERICHTEN GERN KOMBINIERT, ABER AUCH IN DIESER THAI-SPEZIALITÄT. DER WEICHE, MILDE TOFU KONTRASTIERT MIT DEM AROMA UND DER STRUKTUR DER PILZE. DEN BESTEN GESCHMACK HABEN DIE HIER ANGEGEBENEN PILZSORTEN.

350 g fester Tofu
1 TL Sesamöl
2 TL helle Sojasauce
1/4 TL gemahlener schwarzer Pfeffer und etwas zum Bestreuen
1 EL fein gehackter Ingwer
5 EL Gemüsebrühe oder Wasser
2 EL helle Sojasauce
2 TL Maismehl
1/2 TL Zucker
1 1/2 EL Pflanzenöl
2 Knoblauchzehen, fein gehackt
200 g Austernpilze, ohne Stiele, große Exemplare halbiert
200 g Shiitake-Pilze, ohne Stiele
2 Frühlingszwiebeln, schräg in Scheiben geschnitten
1 lange rote Chili, entkernt, in dünne Ringe geschnitten, zum Garnieren

2 PORTIONEN

DIE Tofublöcke abtropfen lassen und in 2,5 cm große Stücke schneiden. In eine flache Schale legen, mit Sesamöl und Sojasauce beträufeln und mit Pfeffer und Ingwer bestreuen. 30 Minuten marinieren.

IN einer kleinen Schüssel die Brühe mit Sojasauce, Maismehl und Zucker glattrühren.

DAS Öl im Wok oder einer Pfanne erhitzen, den Knoblauch bei mittlerer Hitze unter Rühren goldbraun braten. Die Pilze zugeben und unter Rühren 3 bis 4 Minuten braten, bis sie gar sind. Die Maismehlpaste hinzufügen, dann die Tofustücke und 1 bis 2 Minuten vorsichtig mischen. Abschmecken.

AUF einer Servierplatte mit Frühlingszwiebeln, Chiliringen und gemahlenem Pfeffer garnieren.

Glockenläuten in Wat Phra

SCHWEINEFLEISCH MIT INGWER

HIER WIRD DIE CHINESISCHE TRADITION MIT EINEM HAUCH THAI-AROMA KOMBINIERT, DURCH DIE FISCHSAUCE. ES SOLLTE MIT ZARTEM, JUNGEM INGWER MIT DURCHSCHEINENDER SCHALE ZUBEREITET WERDEN. DAS GERICHT IST AM BESTEN, WENN ES NACH INGWER SCHMECKT.

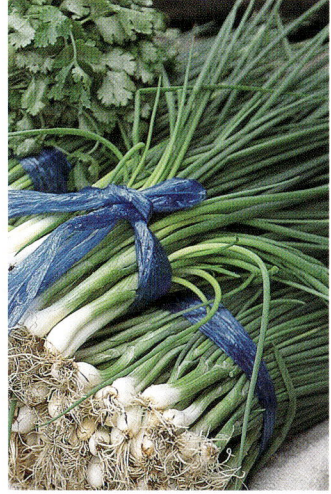

15 g getrocknete Shiitake-Pilze
  (eine halbe Hand voll)
1 EL Fischsauce
1 1/2 EL Austernsauce
4 EL Gemüse- oder Hühnerbrühe
  oder Wasser
1/2 TL Zucker
2 EL Pflanzenöl
3–4 Knoblauchzehen, fein gehackt
500 g mageres Schweinefleisch, in
  dünne Scheiben geschnitten
25 g Ingwer, in feine Stifte geschnitten
1 kleine Zwiebel, in 8 Spalten
  geschnitten
2 Frühlingszwiebeln, schräg in
  Scheiben geschnitten
gemahlener weißer Pfeffer, zum
  Bestreuen
1 lange rote Chili, enkernt, in dünne
  Ringe geschnitten, zum Garnieren
einige Korianderblätter, zum
  Garnieren

4 PORTIONEN

DIE Shiitake-Pilze 2 bis 3 Minuten in heißem Wasser einweichen, dann abgießen.

IN einer kleinen Schüssel Fischsauce, Austernsauce, Brühe und Zucker mischen.

DAS Öl in einem Wok oder einer Pfanne erhitzen und die Hälfte des Knoblauchs bei mittlerer Hitze unter Rühren goldbraun braten. Die Hälfte des Fleisches zugeben, bei starker Hitze unter Rühren 2 bis 3 Minuten braten, bis es gar ist. Aus dem Wok nehmen. Mit dem restlichen Knoblauch und Fleisch wiederholen. Alles zurück in den Wok geben.

INGWER, Zwiebel, Pilze und Sauce hinzufügen und 1 bis 2 Minuten unter Rühren braten. Abschmecken. Die Frühlingszwiebeln unterrühren.

AUF einer Servierplatte mit gemahlenem Pfeffer, Korianderblättern und Chiliringen verzieren.

Gemüseverkauf in Chiang Mai.

PFANNENGERÜHRTE KNOBLAUCHGARNELEN

RIESENGARNELEN WERDEN IN THAILAND IN GROSSER MENGE GEZÜCHTET UND FÜR VIELE GERICHTE VERWENDET. HIER EIGNEN SICH AUCH ANDERE GARNELEN, DIE GERADE ERHÄLTLICH SIND. ES WIRD REICHLICH KNOBLAUCH GEBRAUCHT; DAS BESTE AROMA HABEN FRISCHE, SAFTIGE KNOLLEN.

500 g große rohe Garnelen
18–20 Korianderwurzeln, grob gehackt
4–5 Knoblauchzehen, grob gehackt
10 schwarze Pfefferkörner
1 EL helle Sojasauce
1½ EL Austernsauce
½ TL Zucker
3 EL Pflanzenöl
einige Korianderblätter, zum Garnieren
1 lange rote Chili, entkernt, in dünne Ringe geschnitten, zum Garnieren

4 PORTIONEN

DIE Garnelen schälen und putzen und entlang der Rückseite aufschneiden (Vorderseite und Schwanz zusammenlassen).

IM Mörser oder Mixer Knoblauch und Koriander zu einer groben Paste verarbeiten. Die Pfefferkörner hinzufügen und weiter grob zerstoßen.

IN einer kleinen Schüssel Sojasauce, Austernsauce und Zucker vermischen.

DAS Öl im Wok erhitzen, die Korianderpaste 1 bis 2 Minuten unter Rühren braten, bis der Knoblauch braun wird und duftet. Garnelen und Sojasauce hinzugeben und weitere 2 bis 3 Minuten rühren, bis die Garnelen sich öffnen und rosa werden. Abschmecken. Mit Koriander und Chili garnieren.

MUU PHAT PRIAW WAAN

SCHWEINEFLEISCH MIT SÜSS-SAURER SAUCE

SCHWEINEFLEISCH WIRD IN VIELEN REGIONEN VON THAILAND BEVORZUGT. DIESES REZEPT IST DIE THAI-VARIANTE DES BEKANNTEN CHINESISCHEN SÜSS-SAUREN SCHWEINEFLEISCHES. DAS GEMÜSE KANN JE NACH AUSWAHL VARIIERT WERDEN, SOLLTE ABER AUCH GEKOCHT NOCH BISSFEST SEIN.

95 g Ananasscheiben in leichtem Sirup (Dose), jede Scheibe in 4 Stücke geschnitten (Saft auffangen)

1 $1/2$ EL Pflaumensauce (Seite 284) oder Ketchup

2 $1/2$ EL Fischsauce

1 EL Zucker

2 EL Pflanzenöl

250 g Schweinefleisch, in Scheiben geschnitten

4 Knoblauchzehen, fein gehackt

$1/4$ Möhre, in Scheiben geschnitten

1 mittelgroße Zwiebel, in 8 Scheiben geschnitten

$1/2$ rote Paprika, in mundgerechte Stücke geschnitten

1 kleine Gurke, mit Schale, der Länge nach halbiert und in dicke Scheiben geschnitten

1 Tomate, in 4 Scheiben geschnitten, oder 4–5 Babytomaten

einige Korianderblätter, zum Garnieren

4 PORTIONEN

DEN Ananssaft (ca. 6 EL) mit Pflaumensauce, Fischsauce und Zucker in einer kleinen Schüssel glatt rühren.

BEI mittlerer Hitze das Öl im Wok oder einer Pfanne erhitzen und das Schweinefleisch goldbraun und gar braten. Mit einem Schaumlöffel herausnehmen und auf Küchenpapier abtropfen lassen.

DEN Knoblauch in den Wok geben und bei mittlerer Hitze unter Rühren in 1 Minute hellbraun braten. Möhre, Zwiebel und Paprika hinzufügen und weitere 1 bis 2 Minuten unter Rühren braten. Gurke, Tomate, Ananas und Ananassaft hinzugeben und eine weitere Minute unter Rühren braten. Abschmecken.

DAS Fleisch hinzufügen und vorsichtig umrühren. Auf eine Servierplatte mit Korianderblättern garniert servieren.

Spargelbohnen haben oft dunkle Flecken.

SCHWEINEFLEISCH MIT SPARGELBOHNEN

SPARGELBOHNEN WERDEN IN ASIATISCHEN SPEZIALITÄTENGESCHÄFTEN AUFGEROLLT ODER IN LANGEN BÜNDELN VERKAUFT. SIE SCHMECKEN ÄHNLICH WIE GRÜNE BOHNEN, HABEN ABER EINE ETWAS ZÄHERE HAUT. DIESES GERICHT PASST ZU JEDER MAHLZEIT.

1 EL Austernsauce
1 EL helle Sojasauce
1/4 TL Zucker
2 EL Pflanzenöl
4 Knoblauchzehen, fein gehackt
350 g Schweinefilet, in feine Scheiben geschnitten
250 g Spargelbohnen, in 5 cm lange Stücke geschnitten
1/2 lange rote Chili, entkernt, gehackt, zum Garnieren

4 PORTIONEN

IN einer kleinen Schüssel Sojasauce, Austernsauce, Zucker und 2 EL Wasser vermischen.

DAS Öl im Wok oder einer Pfanne erhitzen und den Knoblauch bei mittlerer Hitze unter Rühren goldbraun braten. Das Schweinefleisch hinzufügen und bei starker Hitze unter Rühren 3 bis 5 Minuten braten, bis es gar ist. Die Bohnen und die Sauce hinzugeben und weitere 4 Minuten unter Rühren braten. Abschmecken.

AUF einer Servierplatte mit den Chilis bestreuen.

MUU PHAT KRA-TIAM PHRIK THAI

SCHWEINEFLEISCH MIT KNOBLAUCH UND PFEFFER

ZU DIESEM CHINESISCHEN GERICHT GEHÖRT DIE KLASSISCHE KOMBINATION VON KNOBLAUCH UND PFEFFER. THAI-KNOBLAUCH SCHMECKT WENIGER INTENSIV. AM BESTEN IST JUNGER KNOBLAUCH. DIE PFEFFERKÖRNER KURZ VOR DEM WÜRZEN ZERDRÜCKEN. MIT GEMÜSE UND JASMINREIS SERVIEREN.

Ein Granitmörser ist für viele Thai-Rezepte nützlich. Eine tiefe Schale ist besser, wenn viele Zutaten verarbeitet werden sollen.

1 ½ TL schwarze Pfefferkörner
1 Knolle Knoblauch, Zehen grob gehackt
8–10 Korianderwurzeln, grob gehackt
3 EL Pflanzenöl
500 g Schweinefilet, in 5 cm große Quadrate geschnitten
1 EL Fischsauce
1 EL helle Sojasauce
½ TL Zucker
Knoblauch und Chilisauce (Seite 283), zum Servieren

4 PORTIONEN

IM Mörser oder Mixer die Pfefferkörner grob zerkleinern und in eine kleine Schüssel umfüllen.

KNOBLAUCH und Koriander zu einer Paste verarbeiten und mit den Pfefferkörnern mischen.

DAS Öl im Wok erhitzen und die Hälfte der Knoblauch-Pfefferpaste bei mittlerer Hitze 1 bis 2 Minuten unter Rühren braten, bis sie duftet. Die Hälfte des Fleisches zugeben, bei starker Hitze unter Rühren eine Minute braten, dann die Hitze reduzieren und in 2 bis 3 Minuten fertig garen. Vom Herd nehmen. Mit der restlichen Paste und dem Fleisch wiederholen. Alles zurück in den Wok geben.

FISCHSAUCE, Sojasauce und Zucker unterheben. Unter Rühren 5 Minuten braten, bis das Fleisch braun wird. Mit Knoblauch und Chilisauce servieren.

Chilis und Knoblauch auf dem Markt in Bangkok.

NUDELN & REIS

Die Paste mit der Kokosmilch verrühren, dann erst Fleisch, Sojasauce, Brühe und dünne Kokosmilch zugeben.

KHAO SAWY

NUDELN CHIANG MAI

DIESE BEKANNTE SPEZIALITÄT AUS CHIANG MAI WIRD IM RESTAURANT EBENSO ANGEBOTEN WIE AM STRASSENSTAND, BESONDERS IN DER NÄHE VON MOSCHEEN. DIE BEILAGEN HARMONIEREN BESONDERS GUT MIT DEN NUDELN.

PASTE
3 getrocknete lange rote Chilis
4 Schalotten, gehackt
4 Knoblauchzehen, zerdrückt
2 cm Kurkuma, gerieben
5 cm Ingwer, gerieben
4 EL gehackte Korianderwurzeln
1 TL Garnelenpaste
1 TL Currypulver (Seite 287)

5 EL dicke Kokosmilch (Seite 279)
2 EL Palmzucker
2 EL Sojasauce
4 Hühnerkeulen mit Haut und
    Knochen
500 ml Hühnerbrühe oder Wasser
410 ml dünne Kokosmilch
    (Seite 279)
400 g frische flache Eiernudeln
Frühlingszwiebeln, gehackt oder in
    Scheiben geschnitten, zum
    Garnieren
1 Handvoll Korianderblätter, zum
    Garnieren
Limonenspalten, als Beilage
eingelegtes Senfkraut oder Gurke,
    als Beilage
geröstete Chilisauce (Seite 283),
    als Beilage
Schalotten, geviertelt, als Beilage

4 PORTIONEN

FÜR die Paste die Chilis 10 Minuten in heißem Wasser einweichen, dann abgießen und hacken, dabei die Samen entfernen. Im Mörser oder Mixer mit Schalotten, Knoblauch, Kurkuma, Ingwer, Korianderwurzeln und Garnelenpaste zu einer feinen Paste verarbeiten. Currypulver und eine Prise Salz unterrühren.

DIE dicke Kokosmilch im Wok oder einem Topf bei mittlerer Hitze 5 Minuten köcheln, bis die Milch gerinnt und sich eine Ölschicht an der Oberfläche bildet. Wenn sie am Rand braun wird, umrühren.

DIE Paste hinzugeben und rühren, bis sie duftet. Palmzucker, Sojasauce und Fleisch zufügen, dann Brühe und dünne Kokosmilch angießen und zum Kochen bringen. Die Hitze reduzieren und 30 Minuten köcheln lassen, bis das Fleisch gar ist.

INZWISCHEN 100 g Eiernudeln in sehr heißem Öl frittieren, bis sie aufgehen. Auf Küchenpapier abtropfen lassen. Die restlichen Nudeln wie auf der Packung angegeben in Wasser kochen.

DIE gekochten Nudeln in eine große Schüssel geben und das Fleisch darüber legen. Mit den frittierten Nudeln, den Frühlingszwiebeln und Korianderblättern garnieren. Dazu die genannten Beilagen servieren.

KIAW NAAM KUNG

WON-TAN-SUPPE MIT GARNELEN

WON-TANS SIND CHINESISCHE GEFÜLLTE NUDELN. SIE WERDEN MEIST IN SUPPEN SERVIERT UND
SIND LEICHT HERZUSTELLEN. MIT DIESER FRISCHEN GARNELENFÜLLUNG KANN MAN SIE ZU JEDER
TAGESZEIT GENIESSEN. AUCH HUHN ODER FISCH EIGNEN SICH FÜR DIE FÜLLUNG.

225 g Garnelen, fein gehackt
6 Knoblauchzehen, fein gehackt
2 Korianderwurzeln, fein gehackt
etwas gemahlener weißer Pfeffer
20 Won-Tan-Blätter, 7,5 cm im
   Quadrat
1–2 EL Pflanzenöl
935 ml Hühner- oder Gemüsebrühe
   oder Wasser
2 EL helle Sojasauce
4 g rohe Garnelen, geschält, ohne
   Darm
100 g Chinakohl oder Spinat,
   grob gehackt
100 g Bohnensprossen, Keime entfernt
3 Frühlingszwiebeln, schräg
   geschnitten
gemahlener weißer Pfeffer, zum
   Bestreuen

4 PORTIONEN

IN einer Schüssel die gehackten Garnelen mit
2 Knoblauchzehen, Koriander, Pfeffer und einer
Prise Salz mischen. Je 1 TL Füllung auf die Wan-
Tan-Blätter geben. Die Ecken zu einem kleinen
Beutel zusammendrücken.

DAS Öl in einem kleinen Wok oder einer Pfanne
erhitzen, den restlichen Knoblauch unter Rühren
goldbraun braten. Vom Herd nehmen, den
Knoblauch entfernen.

IN einem Topf Wasser zum Kochen bringen. Die
Wan Tans einzeln hineingleiten lassen und 2 bis
3 Minuten kochen. Mit dem Schaumlöffel einzeln
herausnehmen und in eine Schüssel mit warmem
Wasser geben.

DIE Brühe in einem Topf zum Kochen bringen.
Sojasauce, Garnelen und Chinakohl hinzufügen
und einige Minuten kochen.

DIE Won Tans abgießen und in die Brühe geben.

DIE Bohnensprossen auf Suppenschalen verteilen
und die Won Tans mit der Suppe darüber gießen.
Mit Frühlingszwiebeln, Pfeffer und Knoblauchöl
garnieren.

Etwas Füllung auf die Won-Tan-
Blätter geben und zu einem
Beutel zusammendrücken

Die Innenseite des Tintenfischs kreuzweise einschneiden.

Fisch vorbereiten in Phetchaburi.

EIERNUDELN MIT MEERESFRÜCHTEN

BA-MII SIND WEIZENNUDELN, DIE MEIST MIT EI HERGESTELLT WERDEN. SIE WERDEN IN GANZ THAI-LAND AN STRASSENSTÄNDEN VERKAUFT – NUDELGERICHTE SIND BELIEBTE SNACKS. MIT CHILI-RINGEN IN FISCHSAUCE, GETROCKNETEN CHILIS UND WEISSEM ZUCKER SERVIEREN.

8 rohe Garnelen
2 Tintenfischkörper
250 g Eiernudeln
1 EL Pflanzenöl
4 Schalotten, mit der Messerklinge zerdrückt
4 Frühlingszwiebeln, in Stücke geschnitten und mit der Messerklinge zerdrückt
2 cm Ingwer, fein gehackt
2 Knoblauchzehen, in dünne Scheiben geschnitten
1 EL eingelegter Kohl, abgespült und gehackt (nach Geschmack)
4 Kammmuscheln, horizontal halbiert
1 EL Austernsauce
2 TL Sojasauce
2 TL Fischsauce
1/2 Bund Thai-Basilikum

4 Portionen

DIE Garnelen schälen und putzen und entlang der Rückseite aufschneiden (Vorderseite und Schwanz zusammenlassen).

DIE Tintenfischkörper aufklappen und die Innenseite kreuzweise einschneiden. In quadratische Stücke schneiden.

DIE Eiernudeln in Wasser kochen, abgießen und abspülen.

DAS Öl im Wok erhitzen, Schalotten, Frühlings-zwiebeln, Ingwer, Knoblauch und Kohl 2 Minuten unter Rühren anbraten. Garnelen, Tintenfische und Muscheln nacheinander hinzufügen, jeweils gut mischen und 3 Minuten braten.

AUSTERNSAUCE, Sojasauce und Nudeln unter-heben. Fischsauce und Basilikum hinzufügen und servieren.

SCHARF-SAURE NUDELN MIT GARNELEN

200 g Glasnudeln
100 g gehacktes Schweinefleisch
2 EL Öl
8 gekochte Garnelen, geschält
4 eingelegte Knoblauchzehen,
  gehackt
2 Schalotten, in dünne Ringe
  geschnitten
4–5 Vogelaugenchilis, in dünne
  Ringe geschnitten
2 EL Fischsauce
1 EL Limonensaft
2 Tomaten, ohne Samen, in dünne
  Spalten geschnitten
1/2 Bund Anis-Basilikum
1/2 Bund Koriander

4 PORTIONEN

DIE Nudeln 10 Minuten in heißem Wasser einweichen. Das Wasser abgießen und die Nudeln mit der Schere zerschneiden.

DAS Schweinefleisch 2 Minuten in kochendem Wasser garen, herausnehmen und in kleine Stücke zerlegen.

DAS Öl im Wok erhitzen und alle Zutaten außer dem Basilikum und Koriander hineingeben und 1 bis 2 Minuten vermischen. Die Kräuter hinzufügen, kurz mischen und servieren.

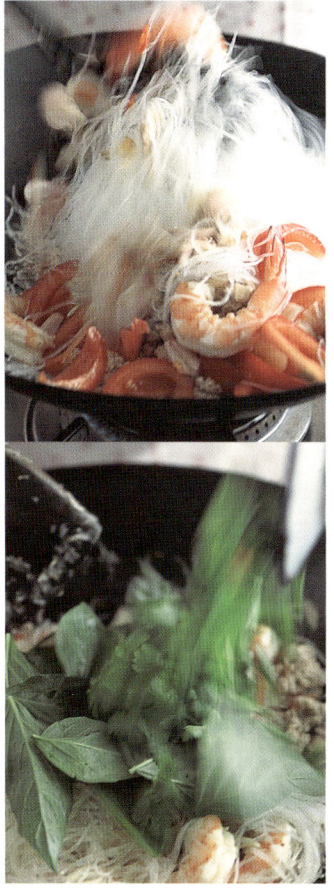

Alle Zutaten mischen, dann die Kräuter zugeben.

NUDELN MIT THAI-BASILIKUM

NUDELGERICHTE SIND IN THAILAND FAST AN JEDER STRASSENECKE ZU FINDEN. DA SIE AUS CHINA STAMMEN, WERDEN SIE MEIST MIT STÄBCHEN UND EINEM LÖFFEL GEGESSEN. DIREKT AUS DEM WOK SERVIEREN.

500 g frische breite, flache
  Reisnudeln (Sen yai)
2 TL Sojasauce
4 Knoblauchzehen
4 Vogelaugenchilis, ohne Stiele
4 EL Pflanzenöl
200 g gehäutetes Hühnerbrustfilet,
  in dünne Streifen geschnitten
2 EL Fischsauce
2 TL Palmzucker
1/2 Bund Thai-Basilikum

4 Portionen

DIE Nudeln mit der Sojasauce in einer Schüssel miteinander vermengen. Dabei die Nudeln trennen. Knoblauch und Chilis im Mörser oder Mixer zu einer feinen Paste verarbeiten.

DAS Öl im Wok erhitzen und die Knoblauch-Chili-Paste darin anbraten, bis sie duftet. Das Fleisch hinzugeben und rühren, bis es gar ist. Fischsauce und Palmzucker unterrühren, bis sich der Zucker auflöst. Nudeln und Basilikum hinzufügen, mischen und servieren.

NUDELN MIT THAI-BASILIKUM

Die Gewürze zu einer Paste verarbeiten. Einige Minuten kochen, den Reis zufügen und alles in einen Tontopf geben.

KUNG LAI SAI KRAWK NAI MAW DIN

GARNELEN UND WURST IM TONTOPF

DAS KOCHEN IM TONTOPF IST EINE CHINESISCHE TRADITION. DAS GERICHT KANN, FALLS VOR-HANDEN, AUCH IN VIER KLEINEN TONTÖPFEN ZUBEREITET WERDEN. EINE SCHWERE KASSEROLLE EIGNET SICH EBENFALLS. DIE ZUTATEN GEBEN BEIM KOCHEN IHR AROMA AN DEN REIS AB.

12 kleine rohe Garnelen, geschält, ohne Darm, grob gehackt
1 Stängel Zitronengras, nur das Weiße, fein gehackt
2 große grüne Chilis, gehackt
1 TL Mekong-Whisky oder Reiswein
1 TL Fischsauce
1 TL Tapiokamehl
2 Knoblauchzehen, gehackt
2 Korianderwurzeln, gehackt
2 cm Ingwer, gehackt
2 Schalotten, gehackt
200 g Jasminreis
2 EL Öl
2 saure Thai- oder China-Würste, in dünne Scheiben geschnitten
2 EL gehackte Korianderblätter, zum Garnieren

4 PORTIONEN

DIE Garnelen mit 1 EL Zitronengras, Chilis, Whisky, Fischsauce und Tapiokamehl in einer Schüssel gut verrühren.

IM Mörser oder Mixer das restliche Zitronengras mit Knoblauch, Korianderwurzeln, Ingwer und Schalotten zu einer groben Paste verarbeiten.

DEN Reis in kaltem Wasser waschen, bis das Wasser klar abläuft, dann abtropfen lassen.

DAS Öl im Wok erhitzen und die Knoblauchpaste unter ständigem Rühren 3 bis 4 Minuten anbraten. Den Reis hinzugeben und eine Minute mitbraten, bis er rundum mit der Mischung bedeckt ist.

DIE Reis-Mischung in einen großen Tontopf füllen, Wasser angießen, bis es 2 cm hoch über dem Reis steht. Das Wasser langsam zum Kochen bringen, die Wurstscheiben auf den Reis legen und die Garnelenmischung auf die Wurst. Den Tontopf zudecken und bei schwacher Hitze 15 Minuten garen. Mit gehacktem Koriander bestreut servieren.

Schirmmaler in Bo Sang

WEISSE NUDELN MIT SCHWEINEFLEISCH

NUDELN SIND IN THAILAND HEISS GELIEBT. DIES IST EINES DER BEKANNTESTEN NUDELGERICHTE.
ES WIRD ZU JEDER TAGES- ODER NACHTZEIT GEGESSEN UND MIT GROSSEN WEISSEN NUDELN ZU-
BEREITET. DEN LEICHTEN, BITTEREN GESCHMACK STEUERT DER CHINAKOHL BEI.

2 TL Austernsauce
6 TL helle Sojasauce
1 EL Zucker
2 TL gelbe Bohnensauce
1 EL Tapiokamehl
450 g frische breite, flache
 Reisnudeln (Sen yai)
4 EL Pflanzenöl
4–5 Knoblauchzehen, fein gehackt
225 g Schweine- oder Hühnerfilet,
 in feine Scheiben geschnitten
175 g Chinakohl, in 2,5 cm große
 Stücke geschnitten, Blätter
 getrennt
gemahlener weißer Pfeffer,
 zum Bestreuen

WÜRZMISCHUNG
6 Vogelaugenchilis, in Ringe geschnitten, verrührt mit 3 EL
 weißem Essig
3 EL Fischsauce
3 EL geröstetem Chilipulver
3 EL weißem Zucker

4 PORTIONEN

IN einer Schüssel 4 TL helle Sojasauce, Austernsauce, Zucker, gelbe Bohnensauce und Tapiokamehl mit 125 ml Wasser mischen.

DIE Nudeln mit 2 TL Sojasauce in einer Schüssel
miteinander verreiben. Dabei die Nudeln trennen.

IM Wok oder einer Pfanne 2 EL Öl erhitzen und
die Nudeln darin bei mittlerer Hitze 4 bis 5 Minuten
unter Rühren anbraten, bis sie am Rand braun
werden und zusammenkleben. Auf einer Platte
warmhalten.

DAS restliche Öl im Wok oder einer Pfanne erhitzen und den Knoblauch bei mittlerer Hitze unter
Rühren goldbraun braten. Das Fleisch zugeben
und unter Rühren 2 bis 3 Minuten braten, bis es
gar ist. Den Chinakohl hinzufügen und 1 bis
2 Minuten unter Rühren braten. Die Saucenmischung und die Kohlblätter hinzugeben und
eine weitere Minute unter Rühren braten. Abschmecken.

DAS Fleisch und den Kohl auf die Nudeln legen
und mit weißem Pfeffer bestreuen. Die Würzmischung separat in kleinen Schalen servieren.

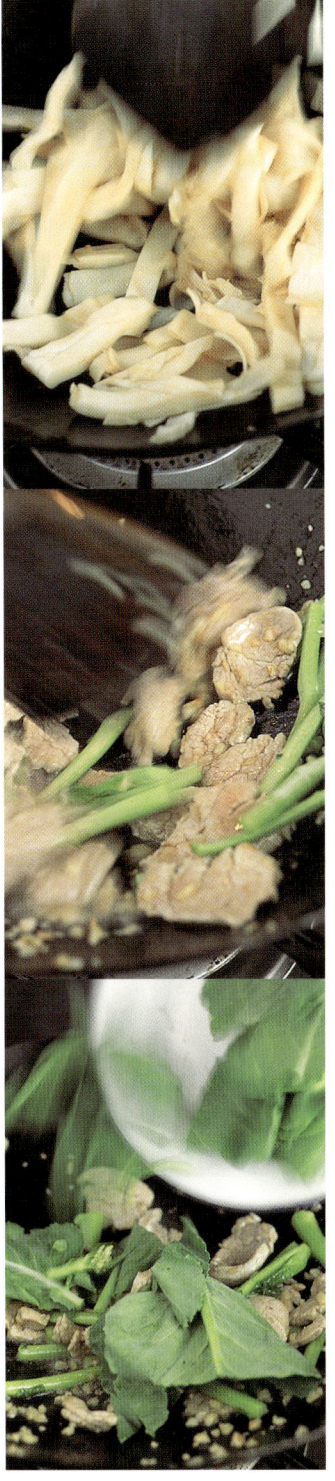

Die Nudeln anbraten, dann
Knoblauch, Fleisch und Kohl-
stängel anbraten. Sauce und
Kohlblätter hinzufügen.

Eine beliebte Kombination aus
Gewürzen und Nudeln.

FRITTIERTE THAI-NUDELN MIT GARNELEN

DAS IST EINS DER BERÜHMTESTEN GERICHTE IN THAILAND. WER ES NICHT PROBIERT HAT, IST NICHT

WIRKLICH IN THAILAND GEWESEN. ES WIRD MIT GETROCKNETEN, KLEINEN WEISSEN NUDELN, SEN

LEK GENANNT, ZUBEREITET. STATT GARNELEN KANN AUCH FLEISCH VERWENDET WERDEN.

150 g getrocknete Nudeln (Sen lek)
300 g große rohe Garnelen
3 EL Tamarindenmus
2 ½ EL Fischsauce
2 EL Palmzucker
3 EL Pflanzenöl
3–4 Knoblauchzehen, fein gehackt
2 Eier
85 g Schnittknoblauch
¼ TL Chilipulver nach Geschmack
2 EL getrocknete Garnelen, gemahlen oder zerstoßen
2 EL eingelegte Rüben, fein gehackt
2 ½–3 EL gehackte geröstete
   Erdnüsse
180 g Bohnensprossen
3 Frühlingszwiebeln, schräg
   geschnitten
1 lange rote Chili, ohne Kerne,
   gehackt, zum Garnieren
einige Korianderblätter, zum
   Garnieren
Limonenspalten, zum Servieren

4 PORTIONEN

DIE Nudeln 1 bis 2 Minuten in heißem Wasser einweichen, dann abgießen.

DIE Garnelen schälen und putzen und entlang der
Rückseite aufschneiden (Vorderseite und Schwanz
zusammenlassen).

IN einer Schüssel Tamarinde mit Fischsauce und
Zucker mischen.

IM Wok oder einer Pfanne 1 ½ EL Öl erhitzen, den
Knoblauch bei mittlerer Hitze unter Rühren goldbraun braten. Die Garnelen hinzugeben und
2 Minuten braten.

DIE Garnelen an den Rand des Woks schieben.
Weitere 1 ½ EL Öl in den Wok geben und die Eier
in 1 Minute verrühren. Nudeln und Schnittknoblauch hinzugeben und einige Sekunden unter
Rühren braten. Fischsauce, Chilipulver, getrocknete Garnelen, Rüben und die Hälfte der Erdnüsse
hinzufügen, dann die Hälfte der Bohnensprossen
und Frühlingszwiebeln. Probieren, ob die Nudeln
gar sind, und abschmecken.

AUF einer Servierplatte mit den restlichen Erdnüssen bestreuen. Mit gehackten Chilis und einigen Korianderblättern garnieren. Limonenspalten,
die restlichen Bohnensprossen und Frühlingszwiebeln am Rand anrichten.

MII KROB
KNUSPRIGE REISNUDELN

HIERFÜR WERDEN DIE DÜNNSTEN REISNUDELN ZU LEICHTEN, KNUSPRIGEN KNÄUELN FRITTIERT UND IN SÜSS-SAURER SAUCE GEWENDET. DAS GERICHT SOLLTE SOFORT SERVIERT WERDEN, SOLANGE DIE NUDELN NOCH KNUSPRIG SIND.

75 g Vermicelli (dünne Reisnudeln) (sen mii)

Pflanzenöl, zum Frittieren

200 g fester Tofu, in dünne Stifte geschnitten

75 g kleine Schalotten oder kleine rote Zwiebeln, in feine Ringe geschnitten

150 g rohe Garnelen, geschält, ohne Darm, mit Schwanz

2 EL Fischsauce

2 EL Wasser oder Saft von eingelegtem Knoblauch

1 EL Limonensaft

2 EL Pflaumensauce (Seite 284) oder Tomatenketchup

1 EL süße Chilisauce (Seite 284)

4 EL Zucker

3 EL Palmzucker

3 EL kleine, ganze eingelegte Knoblauchzehen, in feine Scheiben geschnitten

110 g Bohnensprossen, ohne Keim, zum Garnieren

3–4 Frühlingszwiebeln, schräg geschnitten, zum Garnieren

1 lange rote Chili, entkernt, in dünne Streifen geschnitten, zum Garnieren

4 PORTIONEN

DIE Nudeln 20 Minuten in kaltem Wasser einweichen, abgießen und auf Küchenpapier gut abtropfen lassen. Mit der Schere in kleinere Stücke schneiden.

BEI mittlerer Hitze etwa 8–10 cm Öl im Wok erhitzen. Ein Stück Nudel hineinfallen lassen. Wenn sie sinkt, sofort wieder auftaucht und aufgeht, ist das Öl heiß genug. Eine kleine Hand voll Nudeln hineingeben. Einmal wenden (dauert nur Sekunden) und herausnehmen, sobald sie aufgegangen und dunkel elfenbeinfarben geworden sind. Die knusprigen Nudeln über dem Wok kurz abtropfen lassen, dann auf ein mit Küchenpapier ausgelegtes Backblech legen. Die restlichen Nudeln ebenso frittieren. In kleinere Stücke brechen.

IM selben Öl den Tofu in 7 bis 10 Minuten goldbraun und knusprig frittieren. Mit dem Schaumlöffel herausnehmen und abtropfen lassen.

EBENSO die Schalotten knusprig und golbraun frittieren. Mit dem Schaumlöffel herausnehmen und auf Küchenpapier abtropfen lassen.

DIE Garnelen 1 bis 2 Minuten frittieren, bis sie rosa werden. Mit dem Schaumlöffel herausnehmen und auf Küchenpapier abtropfen lassen.

DAS Öl aus dem Wok vorsichtig abgießen. Fischsauce, Wasser, Limettensaft, Pflaumensauce, Chilisauce, Zucker und Palmzucker hineingeben und 4 bis 5 Minuten bei schwacher Hitze rühren, bis die Mischung dicklich wird.

DIE Hälfte der Nudeln vorsichtig mit der Sauce mischen. Die restlichen Nudeln, Tofu, Garnelen, Knoblauch und Schalotten hinzufügen, 1 bis 2 Minuten wenden, bis sie mit Sauce bedeckt sind. Auf einer Platte mit Bohnensprossen, Frühlingszwiebeln und Chilistreifen garniert servieren.

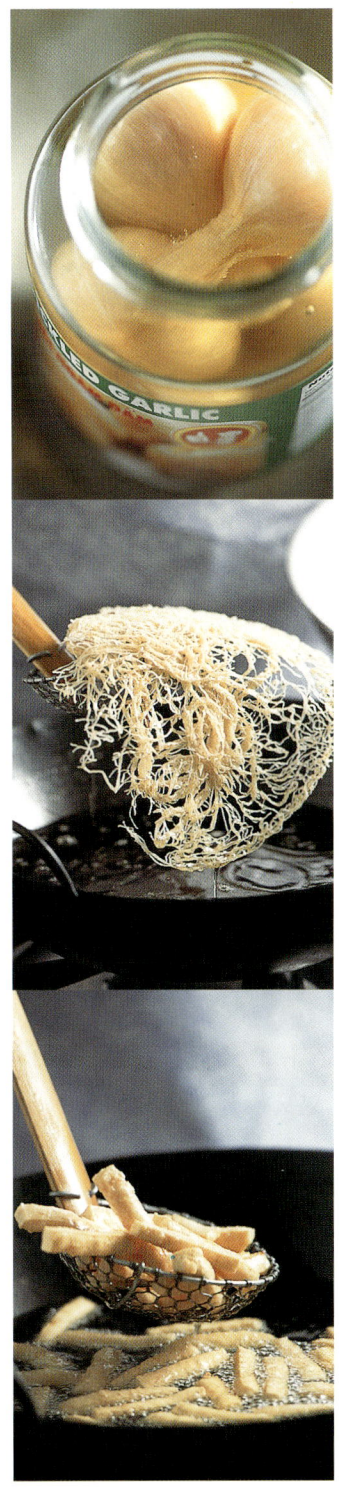

Eingelegten Knoblauch gibt es in Asia-Läden. Die frittierten Nudeln und den Tofu mit dem Schaumlöffel aus dem Öl nehmen.

PHAT BA-MII PHAK

PFANNENGERÜHRTE EIERNUDELN MIT GEMÜSE

2 EL Austernsauce
1 EL helle Sojasauce
1 TL Zucker
2 EL Pflanzenöl
4 Knoblauchzehen, fein gehackt
225 g Chinesischen Brokkoli, Maiskölbchen, in Stücke geschnittene Spargelbohnen, mundgerecht geschnittene Zuckerschoten
250 g frische Eiernudeln
45 g Bohnensprossen
3 Frühlingszwiebeln, fein gehackt
1/2 lange rote oder grüne Chili, entkernt, in feine Ringe geschnitten
einige Korianderblätter, zum Garnieren

4 PORTIONEN

AUSTERNSAUCE, Sojasauce und Zucker in einer kleinen Schüssel mischen.

DAS Öl im Wok oder einer Pfanne erhitzen und den Knoblauch bei mittlerer Hitze hellbraun anbraten. Das gemischte Gemüse hinzufügen und bei starker Hitze 1 bis 2 Minuten unter Rühren anbraten.

EIERNUDELN und Saucenmischung hinzufügen und 2 bis 3 Minuten unter Rühren anbraten. Bohnensprossen und Frühlingszwiebeln hinzugeben. Abschmecken.

AUF einem Servierteller mit Chili und Koriander garnieren.

KHAO PHAT KUNG NAAM PHRIK PHAO

REIS MIT GARNELEN UND CHILIGELEE

225 g rohe Garnelen
3 EL Pflanzenöl
4 Knoblauchzehen, fein gehackt
1 kleine Zwiebel, in Ringe geschnitten
3 TL Chiligelee (Seite 283)
450 g gekochter Jasminreis, über Nacht gekühlt
1 EL helle Sojasauce
1/2 EL Zucker
1 lange rote Chili, ohne Kerne, in feine Ringe geschnitten
2 Frühlingszwiebeln, in feine Ringe geschnitten
gemahlener weißer Pfeffer
einige Korianderblätter, zum Garnieren

4 PORTIONEN

DIE Garnelen schälen und putzen und am Rücken entlang aufschneiden (Unterseite und Schwanz zusammen lassen, Schwanz nicht entfernen).

DAS Öl im Wok oder einer Pfanne erhitzen und Knoblauch und Zwiebel bei mittlerer Hitze unter Rühren hellbraun anbraten. Chiligelee zufügen und einige Sekunden rühren, bis es duftet. Die Garnelen hinzugeben und bei starker Hitze 2 Minuten unter Rühren anbraten, bis sie sich öffnen und rosa werden.

GEKOCHTEN Reis, Sojasauce und Zucker hinzufügen und 3 bis 4 Minuten unter Rühren braten. Chili und Frühlingszwiebeln hinzugeben und gut mischen. Abschmecken.

AUF einen Servierteller füllen und mit weißem Pfeffer und Koriander bestreuen.

REIS MIT GARNELEN UND CHILIGELEE

KHAO PHAT SAPPAROT

GEBRATENER REIS IN ANANAS

GEBRATENER REIS STAMMT AUS CHINA UND IST HEUTE EIN STANDARD-SNACK IN THAILAND. ER WIRD NICHT ANSTELLE VON GEDÄMPFTEM REIS GEGESSEN, SONDERN ALS EIGENSTÄNDIGES GERICHT. DIESE METHODE GEBRATENEN REIS ZU SERVIEREN, IST EIN BLICKFANG IN DER ANANAS-SAISON.

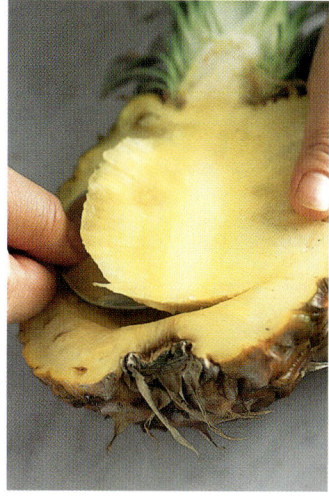

Das Fruchtfleisch vorsichtig aus der Ananas lösen, sodass eine Schale für den Reis entsteht.

1 frische Ananas, mit Blättern
2 EL Pflanzenöl
1 Ei, mit einer Prise Salz verschlagen
2–3 Knoblauchzehen, fein gehackt
150 g rohe Garnelen, geschält,
   ohne Darm
150 g Schinken, fein gehackt
25 g Maiskörner
25 g Erbsen
1/2 rote Paprika, fein gewürfelt
1 EL fein gehackter Ingwer
   (nach Geschmack)
280 g gekochter Jasminreis,
   über Nacht gekühlt
1 EL helle Sojasauce
25 g geröstete, gesalzene Cashew-
   Nüsse, grob gehackt
1 lange rote Chili, ohne Kerne,
   in feine Ringe geschnitten,
   zum Garnieren
einige Korianderblätter,
   zum Garnieren

4 PORTIONEN

DEN Ofen auf 180 °C/Gas 4 vorheizen. Die Ananas der Länge nach halbieren. Mit Löffel und Messer aus beiden Hälften das Fruchtfleisch herausnehmen, sodass zwei Schalen mit 1 cm Fleisch am Rand entstehen. Das Fruchtfleisch in kleine Würfel schneiden. Die Hälfte der Würfel in eine Schüssel geben, den Rest in den Kühlschrank stellen.

DEN Ananasstrunk in Alufolie wickeln, damit er nicht verbrennt. Die Schalen auf ein Backblech legen und 10 bis 15 Minuten backen. So wird der Saft eingeschlossen und zieht nicht in den gebratenen Reis.

BEI mittlerer Hitze 1 EL Öl im Wok oder einer Pfanne erhitzen. Das Ei hinzufügen und schwenken, sodass ein dünnes Omelett entsteht. 2 Minuten backen, bis es fest und an der Unterseite hellbraun ist. Wenden und die andere Seite bräunen. Aus der Pfanne nehmen und etwas abkühlen lassen. Aufrollen und in dünne Streifen schneiden.

IM Wok oder in einer Pfanne 1 EL Öl erhitzen und den Knoblauch bei mittlerer Hitze unter Rühren hellbraun anbraten. Garnelen, Schinken, Mais, Erbsen, Paprika und Ingwer hinzufügen und 2 Minuten unter Rühren anbraten, bis die Garnelen sich öffnen und rosa werden. Dann Reis, Sojasauce und Ananasfruchtfleisch bei mittlerer Hitze 5 bis 7 Minuten wenden. Abschmecken.

SO viel wie möglich in die Ananasschalen füllen und mit Cashewnüssen und Omelettstreifen garnieren. Mit Chiliringen und Korianderblättern bestreuen.

Frisches und eingelegtes Obst in Udon Thani.

SCHARF-SAURE NUDELSUPPE MIT GARNELEN

DIES IST DIE SUPPENVERSION EINES NUDELSALATS. WUN-SEN-NUDELN WERDEN AUS MUNGO-BOHNEN HERGESTELLT. EINGEWEICHT SIND SIE DURCHSICHTIG UND MACHEN DIE SUPPE ETWAS SCHLÜPFRIG. DIE NUDELN IN STÜCKE SCHNEIDEN, DANN SIND SIE LEICHTER ZU ESSEN.

150 g Vermicelli oder Glasnudeln (Wun Sen)
280 g rohe, mittelgroße Garnelen
920 ml Gemüsebrühe
2 Stängel Zitronengras, in Quasten geschnitten oder zerdrückt
2–2$\frac{1}{2}$ EL Fischsauce
1$\frac{1}{2}$–2 EL Chiligelee (Seite 283), je nach Geschmack
1–2 kleine rote und grüne Chilis, leicht zerdrückt
110 g gemischte Pilze
110 g Babytomaten (etwa 10) oder mittelgroße Tomaten in 6 Stücke geschnitten
5 Kaffirlimettenblätter, in 2 Stücke gerissen
4 EL Limonensaft
einige Korianderblätter, zum Garnieren

4 PORTIONEN

DIE Nudeln 1 bis 2 Minuten in heißem Wasser einweichen, abgießen und in kleine Stücke schneiden.

DIE Garnelen schälen und putzen und am Rücken aufschneiden, die Unterseite und den Schwanz zusammenlassen. Schwanz nicht entfernen.

DIE Brühe mit Zitronengras, Fischsauce, Chiligelee und zerdrückten Chilis zum Kochen bringen. Auf mittlere Hitze reduzieren, die Nudeln hinzufügen und 1 bis 2 Minuten kochen. Die Garnelen hinzugeben und eine weitere Minute kochen.

PILZE, Tomaten, Limettenblätter und Limonensaft hinzufügen und weitere 2 bis 3 Minuten kochen; die Tomaten sollten ihre Form behalten. Abschmecken. Zitronengras entfernen. Die Suppe in eine Schüssel füllen und mit Korianderblättern garnieren.

KHAO PHAT PUU

GEBRATENER REIS MIT KREBSFLEISCH

FÜR GEBRATENEN REIS EIGNET SICH AM BESTEN REIS VOM VORTAG, ALSO EIN REST. IN THAILAND SIND REISRESTE ALLERDINGS SELTEN. AM BESTEN SCHMECKT DAS GERICHT AUS DEM WOK. KREBS, VORZUGSWEISE FRISCH, PASST BESONDERS GUT ZUM REIS.

2 EL Pflanzenöl

4 Knoblauchzehen, fein gehackt

2 Eier

450 g gekochter Jasminreis,
  über Nacht gekühlt

110 g Krebsfleisch (gut abgetropft,
  falls aus der Dose)

1/2 kleine Zwiebel, in Ringe
  geschnitten

175 g Wasserkastanien, abgetropft
  und in Scheiben geschnitten

2 EL in feine Stifte geschnittener
  Ingwer (nach Geschmack)

1 EL helle Sojasauce

1 EL Zucker

4 gekochte Krebsscheren,
  zum Garnieren

1/2 lange rote Chili, entkernt, in feine
  Ringe geschnitten, zum Garnieren

2 Frühlingszwiebeln, fein gehackt,
  zum Garnieren

4 PORTIONEN

DAS Öl im Wok oder in der Pfanne erhitzen und den Knoblauch bei mittlerer Hitze unter Rühren hellbraun anbraten. Mit einem Spatel den Knoblauch an den Rand schieben. Die Eier in die Pfanne geben und 1 bis 2 Minuten verrühren. Den Reis, das Krebsfleisch und die Zwiebel 1 bis 2 Minuten unterrühren.

WASSERKASTANIEN, Ingwer, Sojasauce und Zucker hinzufügen und 1 Minute umrühren. Abschmecken.

AUF einen Servierteller füllen und mit den Krebsscheren garnieren. Mit Chiliringen und Frühlingszwiebeln bestreuen.

Frische Wasserkastanien

KOMMERZIELLER REISANBAU Statt in große Ländereien zu investieren, auf denen Reis angebaut wird, kaufen die meisten Reisfirmen ungeschälten Reis von den Bauern aus der Umgebung. Nach der Ernte wird der Reis eingesackt und kontrolliert. Hochwertiger Reis wird aufgekauft und verarbeitet. In der Chia-Meng-Mühle wird der Reis auf Reife und den Anteil von Jasmin- oder Duftreis geprüft. Der Reis wird zum

REIS

REIS *(KHAO)* IST DAS GRUNDNAHRUNGSMITTEL THAILANDS UND EIN WESENTLICHER BESTANDTEIL DES LEBENS, DER KULTUR UND DER TRADITIONEN. DER GRUSS *KIN KHAO LAEW REU YANG* BEDEUTET WÖRTLICH: »HABEN SIE SCHON REIS GEGESSEN?« REIS IST NICHT BESTANDTEIL DER MAHLZEIT, ER IST DIE MAHLZEIT SELBST. ALLES ANDERE IST BEILAGE.

Möglicherweise hat der Reisanbau seinen Ursprung in Thailand. Wilder Reis stammt ungefähr aus der Region von Ober-Assam, Burma, Nordthailand, Südwestchina und Nord-

vietnam – einem fruchtbaren Landstrich, der heute ganz dem Reisanbau gewidmet ist. Die Bevölkerung kultivierte bereits Reis auf Land, das später zum Königreich Thailand gehören sollte, während in China noch größtenteils Hirse gegessen wurde. Die Reiskultur führte zum Bau von Siedlungen, weil die Nassreisfelder gepflegt werden mussten.

Reis erhielt wirtschaftliche Bedeutung für Thailand, als er anderswo zum Grundnahrungsmittel wurde. Arabische und indische Händler brachten ihn nach Indien und den Nahen Osten, die Chinesen integrierten ihn in ihre Küche, bis er dort ebenfalls Grundnahrungsmittel wurde. Thailand ist einer der größten Reisexporteure der Welt und versorgt sich mit diesem lebenswichtigen Gut auch selbst.

REISARTEN

Der meiste Reis, der in Thailand gegessen wird, stammt aus regionalem Anbau. Im Norden und Nordosten wird Klebreis

REISNUDELN *(Kuaytiaw)* Reismehl wird mit Wasser gemischt, die Paste auf Tabletts ausgebreitet und gedämpft, bevor sie in verschieden breite Streifen geschnitten werden. Breite Nudeln heißen *Sen Yai,* breite Linie, mittelbreite *Sen Lek* oder kleine Linie und dünne Nudeln *Sen Mii* oder Liniennudeln. Sie werden frisch oder getrocknet auf dem Markt und abgepackt verkauft und in Suppen oder Pfannengerührtem gegessen.

Trocknen in der Sonne ausgebreitet, dann gereinigt, geschält, poliert und nach gebrochenen und ganzen Körnern sortiert. Schließlich werden verschiedene Korngrößen durch Sieben getrennt und abgepackt. Gebrochene und kleinere Körner werden regional verkauft. Reis der neuen Ernte wird oft auch nach Singapur exportiert, älterer, härterer Reis nach Hongkong. Kleinere Unternehmen mischen alten und neuen Reis.

bevorzugt, ansonsten ist Langkornreis häufiger. Klebreis wird in weißer und »schwarzer« Form auch für Desserts verwendet. Langkornreis gibt es zu jedem Essen außer zu Snacks. Meist isst man einen Löffel pur, erst dann kommen Beilagen dazu, aber nie zu viel. Klebreis wird mit einer Hand zu einer Kugel gerollt, mit der dann eine Beilage oder Sauce aufgedippt wird. Er wird immer mit der Hand gegessen.

QUALITÄT

Qualität spielt beim Reis in Thailand eine wichtige Rolle. Jasminreis mit seinem blumigen Duft gilt als die beste Sorte Langkornreis. Wie Weinkenner können manche Thailänder auch beim Reis das Alter, die Herkunft und die Anbaumethode bestimmen. Reis wird meist innerhalb von 12 bis 18 Monaten nach der Ernte gegessen. Am besten schmeckt er nach drei Monaten, denn wenn er noch sehr frisch und feucht ist, klebt er mehr. Je trockener der Reis wird, desto mehr Wasser braucht er zum Kochen.

KLEBREIS wird oft in Verpackungen gedämpft. Dafür wird er über Nacht in Wasser eingeweicht, dann in Bambusröhren gesteckt, die an einem Ende verschlossen werden. Dazu kommt Kokosmilch mit Salz und Zucker. Dann wird der Bambus auf Holzkohle gegrillt. Kleine Klebreispäckchen dämpft man auch in Blättern. Dazu eignen sich Bananen-, Kokos- und Lotusblätter.

REIS DER BERGVÖLKER Die Bergvölker im Norden mähen und dreschen den Reis von Hand. Der geerntete Reis wird zwischen zwei Stöcke geklemmt und an den Seiten einer großen Schale gedroschen, bis die Körner aus den Halmen fallen. Diese werden dann durch die Luft geschleudert, damit möglichst viele Spelzen davonfliegen. Schließlich wird der Reis auf einer ebenen Fläche zum Trocknen ausgebreitet.

KULTUR

Reis wird je nach Anbaugebiet mit verschiedenen Methoden kultiviert. Normalerweise reift die Reisernte in 100 bis 200 Tagen heran, je nach Sorte und Klima. Schnell reifende Sorten liefern in manchen Regionen zwei Ernten pro Jahr, in anderen Gegenden werden langsam und schnell wachsende Sorten kombiniert, um die Erntezeit zu verlängern und die Arbeit besser zu verteilen.

Reis kann in Nassfeldern angebaut werden, aber auch auf Trockenfeldern, die nur durch Regen bewässert werden. Diese Methode wenden vor allem die Bergvölker im Norden Thailands an. Sie bewirtschaften die Felder im Wechsel, wenn der Boden erschöpft ist, und roden nach Bedarf neue

Waldflächen. In diesen Regionen gibt es kaum Arbeit sparendes Gerät. Die Familien eines Volkes helfen einander bei der Arbeit. Während der Monsunzeit von Juli bis Oktober, manchmal auch im November, wird gepflanzt.

Im Nassreisanbau wird entweder direkt ausgesät, was weniger arbeitsintensiv, aber auch weniger regelmäßig ist, oder in kleinen Feldern vorgezogen, wo die jungen Pflanzen besser gepflegt werden können, und dann ausgepflanzt. Nassreisfelder liegen tief zwischen Dämmen und werden über Kanäle bewässert. Die Kanäle werden vom Regen während der Monsunzeit aufgefüllt. Der Reis wird von den Bauern oder der Dorfgemeinschaft geerntet, getrocknet und geschält, oder aber als Rohreis an eine Mühle verkauft.

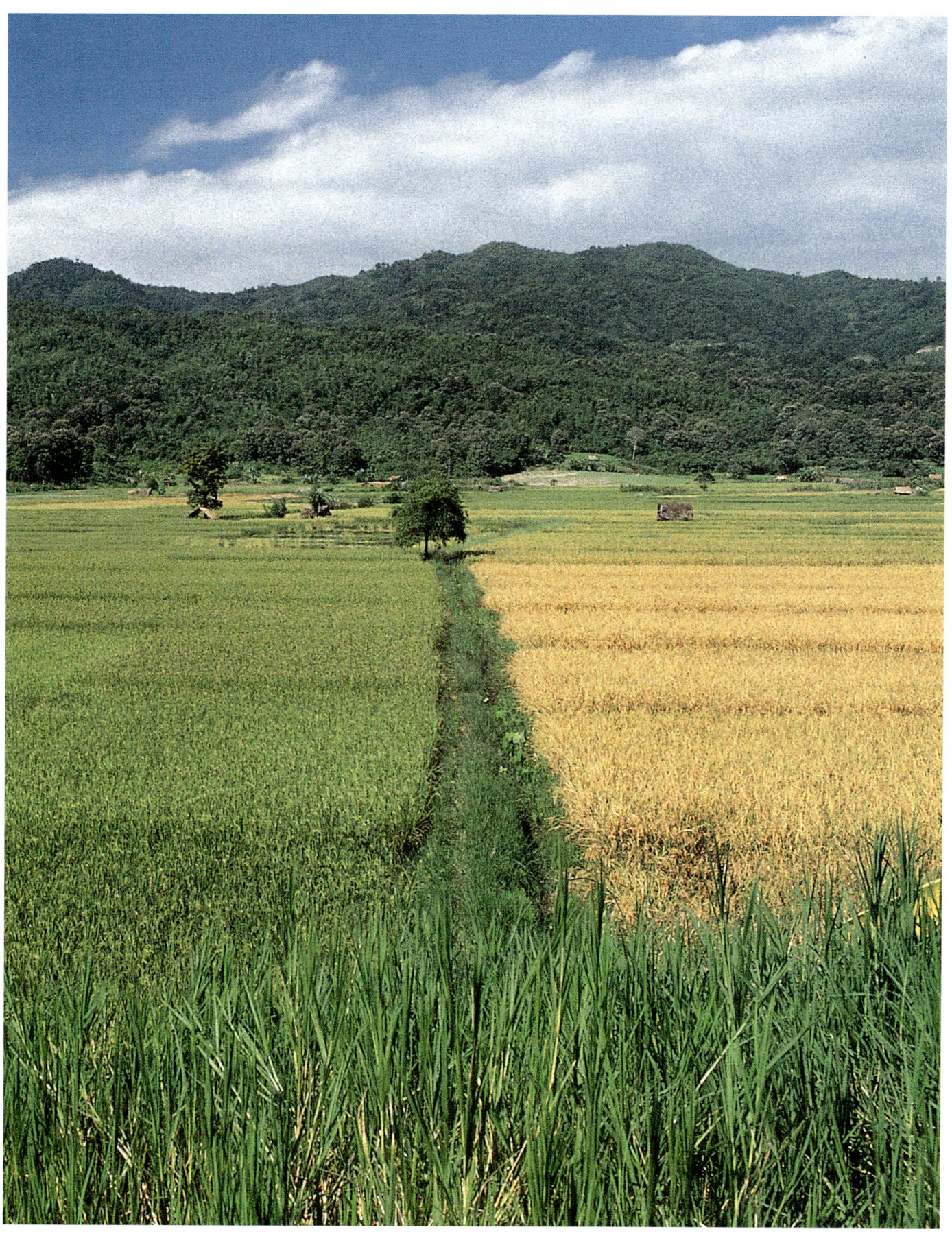

Nassreisfelder sind in Thailand ein häufiger Anblick; die Bauern helfen einander bei der Pflanzung und der Ernte.

GEMÜSE

THAI-AUBERGINEN UND KIRSCHTOMATEN

EINE MISCHUNG VERSCHIEDENER THAI-AUBERGINEN MACHT DIESES GERICHT ZWAR OPTISCH IN-TERESSANTER, ABER MIT NUR EINER SORTE SCHMECKT ES GENAUSO GUT. DIE AUBERGINEN VERFÄR-BEN SICH BEIM KOCHEN, ABER IHR GESCHMACK BLEIBT GLEICH.

12 kleine runde Thai-Auberginen,
  grün, gelb oder violett
1 TL Fischsauce, plus 1 EL
1 EL Pflanzenöl
1 kleine rote Chili, gehackt
1 EL fein geschnittener Ingwer
2 Schalotten, fein gehackt
1 Knoblauchzehe, gehackt
150 g Kirschtomaten
2 EL schwarzer Essig
2 EL Palmzucker
12–18 Blätter Anis-Basilikum

4 PORTIONEN

DIE Auberginen halbieren und in einer Schüssel mit 1 TL Fischsauce wenden. Etwa 8 cm Wasser im Wok zum Kochen bringen. Die Auberginen in einen Bambus-Dämpfeinsatz auf das kochende Wasser setzen und 15 Minuten dämpfen.

DAS Öl im Wok erhitzen und Chili, Ingwer, Scha-lotten und Knoblauch in 15 Sekunden anbraten. Auberginen und Tomaten hinzufügen und gut mischen. Essig, Zucker und restliche Fischsaue dazugeben und 2 bis 3 Minuten kochen, bis die Sauce dicker wird. Die Basilikumblätter unter-rühren und servieren.

BROKKOLI MIT
AUSTERNSAUCE

BROKKOLI MIT AUSTERNSAUCE

350 g Chinesischer Brokkoli,
  in Stücke geschnitten
1 EL Pflanzenöl
2 Knoblauchzehen, fein gehackt
1 EL Austernsauce
1 EL helle Sojasauce

4 PORTIONEN

DEN Brokkoli 2 bis 3 Minuten in Salzwasser blan-chieren, dann gründlich abtropfen lassen.

DAS Öl im Wok oder in der Pfanne erhitzen und den Knoblauch bei mittlerer Hitze unter Rühren hellbraun anbraten. Den Brokkoli, die Hälfte der Austernsauce und die Sojasauce hinzufügen. Bei starker Hitze 1 bis 2 Minuten unter Rühren anbra-ten, bis die Stängel gerade gar sind. Mit der restli-chen Austernsauce beträufeln.

FLÜGELBOHNENSALAT

DIESER FRISCHE, KNACKIGE SALAT SIEHT SEHR ATTRAKTIV AUS. FLÜGELBOHNEN HABEN VIER

GERÜSCHTE RÄNDER UND EINEN DEKORATIVEN QUERSCHNITT.

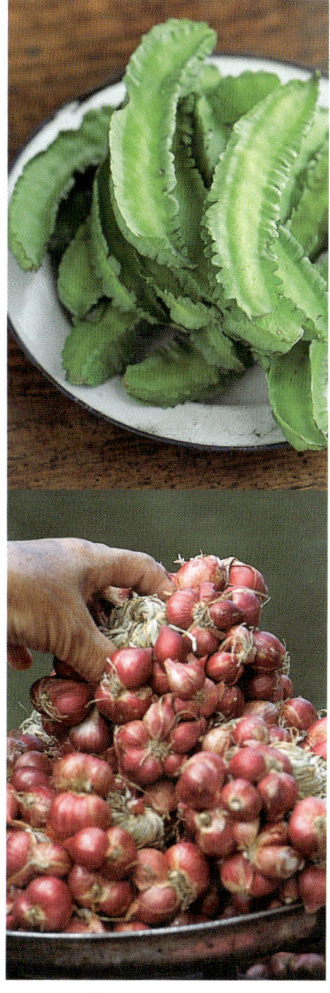

Öl zum Braten
75 g Schalotten, in feine Ringe
  geschnitten
175 g Flügelbohnen
55 g gekochtes Huhn, gehackt
1 Stängel Zitronengras, nur das
  Weiße, in feine Scheiben
  geschnitten
2 EL getrocknete Garnelen,
  gemahlen
1 ½ EL Fischsauce
3–4 EL Limonensaft
½ lange rote Chili oder 1 kleine rote
  Chili, fein gehackt
55 g geröstete, gesalzene Erdnüsse
125 ml Kokosmilch (Seite 279),
  zum Garnieren

4 PORTIONEN

BEI mittlerer Hitze 2,5 cm Öl im Wok oder einer Pfanne erhitzen. Die Schalotten in 3 bis 4 Minuten hellbraun frittieren (nicht verbrennen lassen). Mit dem Schaumlöffel herausnehmen und auf Küchenpapier abtropfen lassen.

DIE Flügelbohnen schräg in dünne Streifen schneiden. In kochendem Wasser 30 Sekunden blanchieren und für 1 bis 2 Minuten mit kaltem Wasser abschrecken. Abtropfen lassen und in eine Schüssel geben. Mit Hühnerfleisch, Zitronengras, Garnelen, Fischsauce, Limettensaft, Chili und die Hälfte der Erdnüsse vermengen. Mit einem Löffel mischen. Abschmecken.

DEN Salat in einer Servierschüssel mit der Kokosmilch beträufeln, mit den frittierten Schalotten und den restlichen Erdnüssen bestreuen.

PFANNENGERÜHRTER WASSERSPINAT

IN CHINA HEISST DIESES GEMÜSE ONG CHOY, IN THAILAND IST ES UNTER DEM NAMEN PHAK BUNG

BELIEBT. ES HAT LANGE, DÜNNE STÄNGEL UND GROSSE BLÄTTER, DIE BEIDE GUT SCHMECKEN.

WASSERSPINAT IST IM ASIA-MARKT ERHÄLTLICH.

1 ½ EL Austernsauce
1 TL Fischsauce
1 EL gelbe Bohnensauce
¼ TL Zucker
1 ½ EL Pflanzenöl
2–3 Knoblauchzehen, fein gehackt
350 g Wasserspinat, in 5 cm lange
  Stücke geschnitten
1 Vogelaugenchili, rot, leicht
  zerdrückt (nach Geschmack)

4 PORTIONEN

IN einer kleinen Schüssel Austernsauce, Fischsauce, gelbe Bohnensauce und Zucker mischen.

DAS Öl im Wok oder einer Pfanne erhitzen, den Knoblauch bei mittlerer Hitze unter Rühren hellbraun anbraten. Die Hitze stark erhöhen, die Wasserspinat-Stängel hinzufügen und 1 bis 2 Minuten unter Rühren anbraten. Die Blätter, die Saucenmischung und die zerdrückte Chilischote hinzufügen und eine weitere Minute unter Rühren braten.

PFANNENGERÜHRTER
WASSERSPINAT

PFANNENGERÜHRTE SPARGELBOHNEN

SPARGELBOHNEN SIND LANGE GRÜNE BOHNEN, DIE MEIST IN ROLLEN VERKAUFT WERDEN, ÄHNLICH
UNSEREN BRECHBOHNEN. DAS GERICHT SCHMECKT AUCH OHNE HÜHNERFLEISCH, IST DANN ABER
NICHT VEGETARISCH, WEIL DIE ROTE CURRYPASTE FISCHSAUCE UND GARNELENPASTE ENTHÄLT.

2 EL Pflanzenöl
2 EL rote Currypaste (Seite 276)
  oder fertige Paste
350 g gehäutetes Hühnerbrustfilet,
  in dünne Scheiben geschnitten
350 g Spargelbohnen, schräg in
  2,5 cm lange Stücke geschnitten
1 EL Fischsauce
25 g Zucker
4 Kaffirlimettenblätter, sehr fein
  gehackt

4 PORTIONEN

DAS Öl im Wok oder einer Pfanne erhitzen und die
rote Currypaste bei mittlerer Hitze 2 Minuten unter
Rühren anbraten. Das Huhn hinzufügen und unter
Rühren in 4 bis 5 Minuten garen. Bohnen, Fischsauce und Zucker zufügen und weitere 4 bis
5 Minuten rühren.

AUF einen Servierteller mit den Limettenblättern
bestreuen.

KÜRBIS MIT CHILI UND
BASILIKUM

KÜRBIS MIT CHILI UND BASILIKUM

3 EL getrocknete Garnelen
$1/2$ TL Garnelenpaste
2 Korianderwurzeln
10–12 weiße Pfefferkörner
2 Knoblauchzehen, gehackt
2 Schalotten, gehackt
125 ml dicke Kokosmilch
  (Seite 279)
300 g Butternut-Kürbis, in 4 cm
  große Würfel geschnitten
2 große rote Chilis, der Länge nach
  halbiert
125 ml dünne Kokosmilch
  (Seite 279)
1 EL Fischsauce
1 EL Palmzucker
2 TL Limonensaft
12 Blätter Anis-Basilikum

4 PORTIONEN

IN einer Schüssel Wasser 2 EL getrocknete
Garnelen 20 Minuten einweichen und abgießen.

DIE restlichen getrockneten Garnelen, Garnelenpaste, Koriander, Pfeffer, Knoblauch und Schalotten im Mörser oder Mixer zu einer Paste verarbeiten.

DIE dicke Kokosmilch in einem Topf zum Kochen
bringen und 5 Minuten köcheln. Die Paste hinzufügen und gut verrühren. Weitere 2 bis 3 Minuten
kochen, dann Kürbis, Chilis, eingeweichte Garnelen und dünne Kokosmilch hinzufügen. Alle Zutaten gut verrühren und 10 bis 15 Minuten kochen,
bis der Kürbis gerade gar ist. Er darf nicht zer-
kochen.

FISCHSAUCE, Palmzucker und Limonensaft dazu
geben und weitere 2 bis 3 Minuten kochen. Vor
dem Servieren das Basilikum unterrühren.

PHAT PAK RUAM

PFANNENGERÜHRTES MISCHGEMÜSE

MÖHREN, ZUCKERSCHOTEN UND SPARGEL SIND NICHT TRADITIONELL THAILÄNDISCH, WERDEN IN-
ZWISCHEN ABER HÄUFIG ANGEBAUT UND GEGESSEN. IM NORDWESTEN DES LANDES HERRSCHT DAS
RICHTIGE KLIMA FÜR GEMÜSE AUS KÜHLEREN REGIONEN.

Das Gemüse sollte möglichst
gleich groß geschnitten werden.

4 dünne Stangen Spargel
4 Maiskölbchen
50 g Spargelbohnen
110 g rote und gelbe Paprika
1/2 kleine Möhre
50 g Chinesischer Brokkoli oder
 Brokkoliröschen
25 g Zuckerschoten
2 cm Ingwer, in feine Scheiben
 geschnitten
1 EL Fischsauce
1 1/2 EL Austernsauce
2 EL Gemüsebrühe oder Wasser
1/2 TL Zucker
1 1/2 EL Pflanzenöl
3–4 Knoblauchzehen, fein gehackt
2 Frühlingszwiebeln, in Ringe
 geschnitten

4 PORTIONEN

DIE Spargelspitzen abschneiden und die Stangen
in 5 cm lange Stücke schneiden. Die Maiskölbchen der Länge nach halbieren, die Spargelbohnen in 2,5 cm lange Stücke schneiden. Schräg
schneiden. Die Paprikaschoten halbieren, entkernen und die Schoten in mundgerechte Stücke
schneiden. Die Möhre schälen und in Stifte
schneiden.

SPARGEL, Mais, Bohnen und Brokkoli in kochendem Salzwasser 30 Sekunden blanchieren. In
einer Schüssel mit Eiswasser abschrecken, damit
sie knackig bleiben. Abgießen und in einer
Schüssel mit Paprika, Möhre, Zuckerschoten,
Spargelspitzen und Ingwer mischen.

IN einer kleinen Schüssel Fischsauce, Austernsauce, Brühe und Zucker mischen.

DAS Öl im Wok oder in einer Pfanne erhitzen und
den Knoblauch unter Rühren bei mittlerer Hitze
hellbraun anbraten. Das Gemüse und die ge-
mischten Saucen zufügen, dann bei starker Hitze
unter Rühren 2 bis 3 Minuten braten. Abschmecken. Frühlingszwiebeln hinzufügen und
mischen.

WÜRZIGER TOMATENDIP

DIESER BERÜHMTE DIP AUS CHIANG MAI WIRD ALS HAUPTGERICHT MIT BLANCHIERTEM GEMÜSE WIE AUBERGINEN- ODER KOHLSPALTEN, SPARGELBOHNEN, KÜRBIS ODER SPARGEL SERVIERT. AUCH FRITTIERTE SCHWEINESCHWARTE PASST GUT DAZU.

1 getrocknete, lange rote Chilis
1 Stängel Zitronengras, nur das
    Weiße, in feine Ringe geschnitten
4 Schalotten, fein gehackt
2–3 Knoblauchzehen, grob gehackt
1/2 TL Garnelenpaste
1 1/2 EL Pflanzenöl
175 g fettes Schweinehackfleisch
450 g Tomaten, fein gehackt
2 EL Fischsauce
1 EL Zucker
3 EL Tamarindenmus
gemischtes Gemüse wie Auber-
    ginenspalten, Spargelbohnen-
    stücke, Kohlspalten, Spargel,
    Maiskölbchen, Kürbisstücke, zum
    Servieren
einige Korianderblätter, zum
    Garnieren
Schweineschwarte, frittiert,
    zum Servieren

4 PORTIONEN

DIE Chili der Länge nach aufschlitzen und alle Samen entfernen. In heißem Wasser 1 bis 2 Minuten einweichen, abgießen und grob hacken. Im Mörser Chili, Zitronengras, Schalotten und Knoblauch zu einer Paste verarbeiten. Garnelenpaste untermischen. Eventuell Chili, Zitronengras, Schalotten, Knoblauch und Garnelenpaste im Mixer glatt pürieren.

DAS Öl in einem Topf oder im Wok erhitzen und die Paste bei mittlerer Hitze 2 Minuten unter Rühren anbraten. Das Hackfleisch hinzufügen und 2 bis 3 Minuten weiter braten. Tomaten, Fischsauce, Zucker und Tamarindenmus hinzufügen. Die Hitze reduzieren und das Ganze 25 bis 30 Minuten köcheln lassen, bis die Mischung dicker wird.

FESTES Gemüse wie Auberginen, Spargelbohnen, Spargel und Kürbis kurz blanchieren und gut abtropfen lassen.

DIE Sauce abschmecken. Sie sollte drei Geschmacksrichtungen haben: süß, sauer und leicht salzig. In eine Servierschüssel füllen und mit Korianderblättern garnieren. Mit dem blanchierten Gemüse und der Schweineschwarte servieren.

NAAM PHRIK KA-PI

DIP MIT GARNELENPASTE

DIESER SCHARFE DIP WIRD ZU GEGRILLTEM ODER FRITTIERTEM FISCH, ZU OMELETT UND FRISCHEM GEMÜSE WIE AUBERGINEN, GURKEN, FLÜGELBOHNEN UND SPARGELBOHNEN GEREICHT. DIE ANZAHL DER CHILIS KANN NACH GESCHMACK VARIIERT WERDEN.

3–4 Knoblauchzehen
2 TL Garnelenpaste
2–3 kleine rote und grüne Chilis
3–4 Thai-Auberginen (nach Geschmack)
1 TL Zucker
1 EL Fischsauce
2 EL Limonensaft
rohes gemischtes Obst und Gemüse wie Thai-Auberginen, Gurkenstifte, Flügelbohnen, Spargelbohnen, Frühlingszwiebeln, Pomelospalten, Javaapfelstücke, zum Servieren

4 PORTIONEN

DEN Knoblauch im Mörser zu einer groben Paste zerstoßen. Die Garnelenpaste hinzufügen und weiter stoßen. Die Chilis hinzufügen und leicht zerdrücken, damit die Schärfe herauskommt (vorsichtig, damit der Saft nicht spritzt). Die Auberginen hinzufügen und leicht stoßen. Zucker, Fischsauce und Limonensaft leicht unterrühren. Abschmecken.

FALLS kein Mörser vorhanden ist, den fein gehackten Knoblauch in einer Schüssel mit dem Löffelrücken zu einer Paste verarbeiten. Garnelenpaste gut untermischen. Die Chilis hinzufügen und mit der Gabel zerdrücken. Die Aubergine leicht am Rand der Schüssel zerdrücken. Zucker, Fischsauce und Limettensaft unterrühren.

IN einer kleiner Servierschüssel mit dem Gemüse servieren.

Wenn die Zutaten zerstoßen sind, Zucker, Fischsauce und Limonensaft hinzufügen.

DESSERTS

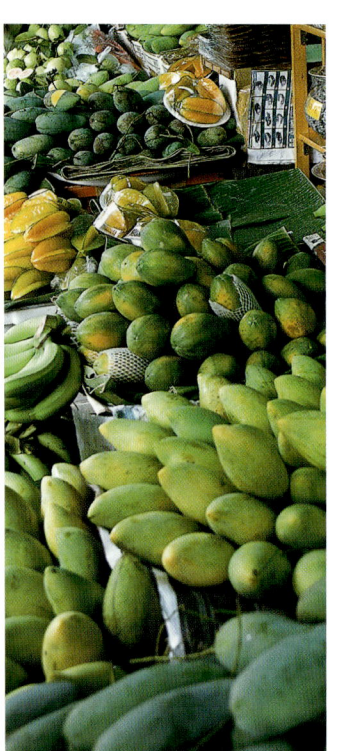

KHAO NIAW MAMUANG
KLEBREIS MIT MANGO

IN THAILAND IST DIE MANGOSAISON IM APRIL. MANCHE MANGOS SCHMECKEN GRÜN UND KNACKIG BESSER, ANDERE, WENN SIE REIF SIND. ES GIBT EINE GROSSE AUSWAHL AN GESCHMACKSRICHTUNGEN. KLEBREIS MIT MANGO GILT ALS EINS DER BESTEN THAI-DESSERTS.

4 große reife Mangos
1 Rezept Klebreis mit Kokosmilch
  (Seite 280)
170 ml dicke Kokosmilch
  (Seite 279) mit ¼ TL Salz,
  zum Garnieren
2 EL trocken geröstete Mungobohnen, nach Wunsch

4 PORTIONEN

DIE Mangos schälen und das äußere Fruchtfleisch in großen Stücken abschneiden. Nicht zu nahe am Stein schneiden, wo das Fleisch faserig wird. Den Stein wegwerfen. Das Fruchtfleisch der Länge nach in je 8 bis 10 Stücke schneiden.

DIE Mango auf einem Teller anrichten. Daneben eine Portion gedämpften Klebreis mit Kokosmilch geben. Die dicke Kokosmilch darüber verteilen und mit den Mungobohnen bestreuen. Bei Zimmertemperatur servieren.

BANANEN IN KOKOSCREME

KLUAY BUAT CHII
BANANEN IN KOKOSCREME

ES GIBT ÜBER 20 BANANENSORTEN IN THAILAND, DIE ALLE IN DER KÜCHE VERWENDET WERDEN. FÜR DIESES REZEPT EIGNEN SICH SEHR SÜSSE, EHER KLEINE BANANEN.

400 ml Kokosmilch (Seite 279)
4 EL Zucker
5 gerade reife Bananen
½ TL Salz

4 PORTIONEN

KOKOSMILCH, Zucker und 125 ml Wasser in einem Topf zum Kochen bringen. Bei schwacher Hitze köcheln, bis der Zucker sich aufgelöst hat.

DIE Bananen schälen und in 5 cm lange Stücke schneiden. Sehr kleine Bananen eventuell ganz lassen.

WENN der Zucker sich in der Kokosmilch aufgelöst hat, die Bananen hinzufügen und salzen. Bei schwacher bis mittlerer Hitze 5 Minuten kochen lassen, bis die Bananen weich sind.

BANANEN und Kokoscreme auf vier Schüsseln verteilen. Warm oder bei Zimmertemperatur servieren.

SAKU PEAK KAB MA PRAO ON
TAPIOKAPUDDING MIT JUNGER KOKOSNUSS

170 ml Kokosmilch (Seite 279)
¾ TL Salz
110 g Tapioka oder Sago
6 Pandanusblätter
60 g feiner Zucker
150 g junges Kokosfleisch in Sirup
   (Dose), abgetropft

4 PORTIONEN

IN einem kleinen Topf die Kokosmilch mit ½ TL Salz verrühren.

IN einem mittelgroßen Topf 1 Liter Wasser zum Kochen bringen. Tapioka und Pandanusblätter hinzufügen, 15 bis 20 Minuten bei mittlerer Hitze köcheln lassen und gelegentlich mit einem Holzlöffel umrühren. Rühren, bis die Körner dick, durchsichtig und glänzend sind. Eventuell die Hitze reduzieren. Zucker und ¼ TL Salz hineingeben und rühren, bis der Zucker aufgelöst ist. Die Tapiokakörner sollten jetzt fast gar sein. Das Kokosfleisch vorsichtig unterrühren. Die Pandanusblätter herausnehmen. 5 Minuten andicken lassen, dann auf einzelne Schüsseln verteilen. Mit Kokosmilch beträufeln. Warm servieren.

Tapioka und Pandanusblätter gelegentlich umrühren.

SAKU PEAK KAB MA PRAO ON

KLUAY THAWT
FRITTIERTE BANANEN

VOR JAHREN WUCHSEN DIE KINDER IN THAILAND MIT DIESEM KÖSTLICHEN SNACK AUF. HEUTE IST ER AUF DER STRASSE SELTENER ZU FINDEN. DAFÜR LÄSST ER SICH LEICHT SELBST HERSTELLEN. FÜR EINE ANDERE VERSION WERDEN NEBEN BANANEN AUCH SÜSSKARTOFFELN VERWENDET.

TEIG
125 g Mehl
1 ¼ TL Backpulver
2 TL Zucker
¼ TL Salz
25 g geriebenes Kokosmark
   (Seite 279) oder getrocknetes
   Kokosmark
2 EL Sesam
350 ml zimmerwarmes Wasser

Pflanzenöl zum Frittieren
4 reife Bananen

4 PORTIONEN

MEHL, Backpulver, Zucker, Salz, Kokosmark und Sesam mischen. Das Wasser hinzufügen und mit einem Löffel oder einer Gabel glattrühren.

BEI mittlerer Hitze 7,5 cm im Wok oder einer tiefen Pfanne erhitzen. Wenn das Öl heiß scheint, etwas Teig hineinfallen lassen. Wenn es sofort zischt, ist das Öl heiß genug. Es darf auch nicht zu heiß sein, damit der Teig nicht verbrennt.

DIE Bananen der Länge nach halbieren und in 5 cm lange Stücke schneiden. Den Backofen auf 150 °C/Gas 2 vorheizen. Die Stücke einzeln in den Teig tauchen und in das heiße Öl gleiten lassen. Etwa 5 Stücke gleichzeitig in 3 bis 4 Minuten goldbraun frittieren und mit dem Schaumlöffel herausnehmen. Auf Küchenpapier abtropfen lassen und im Backofen warm halten. Warm servieren.

FRITTIERTE BANANEN

Die gefärbten, mit Mehl bestäubten Wasserkastanien in zwei Portionen kochen. Herausnehmen, wenn sie oben treiben.

Detail eines Wat in Ratchaburi.

THAPTHIM KRAWP
KNUSPER-RUBINE

KNUSPER-RUBINE ERINNERN AN FUNKELNDE GRANATAPFELBISSEN. DIE ZUTATEN WIRKEN VIELLEICHT ETWAS SELTSAM, ABER KNUSPER-RUBINE SIND SEHR BELIEBT UND SCHMECKEN HERVORRAGEND, BESONDERS MIT EIS UND DICKER KOKOSMILCH.

8–10 Tropfen rosa oder rote Lebensmittelfarbe
2 x 225 g Wasserkastanien, abgetropft, jede Kastanie in 10–12 Stücke geschnitten
150 g Tapiokamehl
250 g Zucker
185 ml Kokosmilch (Seite 279)
1/4 TL Salz
zerstoßenes Eis, zum Servieren

6 PORTIONEN

DIE Lebensmittelfarbe in 60 ml Wasser auflösen. Die Wasserkastanien mit einem Löffel untermischen. Etwa 10 Minuten stehen lassen, bis die Stückchen rosa werden, dann abgießen und trocknen lassen.

DAS Tapiokamehl in eine Plastiktüte füllen. Die rosa Wasserkastanien hinzufügen und schütteln, bis sie ganz bedeckt sind. Überschüssiges Mehl abschütteln. In einem Topf Wasser zum Kochen bringen. Die Hälfte der Wasserkastanien hineingeben und 1 bis 2 Minuten kochen, bis sie an der Oberfläche treiben. Mit dem Schaumlöffel herausnehmen und in einer Schüssel mit kaltem Wasser abschrecken. Mit den restlichen Wasserkastanien wiederholen. Alles abtropfen lassen.

IN einem kleinen Topf 250 ml Wasser mit dem Zucker erhitzen, bis die Mischung kocht; dabei ständig umrühren. Bei mittlerer Hitze 5 bis 10 Minuten köcheln lassen, bis die Flüssigkeit zu einem dicken Sirup eingekocht ist.

DIE Kokosmilch in einem kleinen Topf mit dem Salz mischen und bei mittlerer Hitze 1 bis 2 Minuten kochen, bis sie leicht cremig ist.

DIE Wasserkastanien auf einzelne Schalen verteilen, darauf einige Löffel Zuckersirup und Kokoscreme geben. Mit Eis bestreuen und kalt servieren.

KHAO NIAW DAM

SCHWARZER KLEBREIS MIT TARO

GEMÜSE WIE TARO WIRD IN THAILAND OFT FÜR DESSERTS VERWENDET. SCHWARZER KLEBREIS IST DER WEISSE REIS NOCH MIT SPELZEN UND EHER VIOLETT ALS SCHWARZ. DEN ZUCKER ERST HINZU-FÜGEN, WENN DER REIS GAR IST, SONST WIRD ER NICHT MEHR WEICH.

175 g schwarzer Klebreis
280 g Taro, in 1 cm große Quadrate
    geschnitten und in kaltem Wasser
    eingeweicht
150 g Palmzucker
1 TL Salz
185 ml Kokosmilch (Seite 279)

6 PORTIONEN

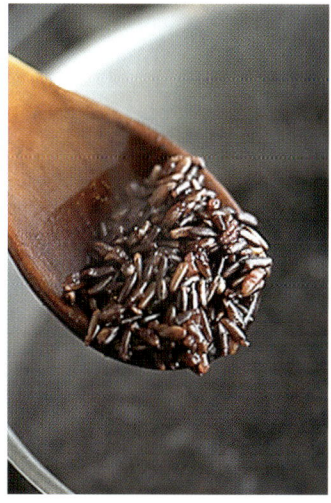

Schwarzer Klebreis wird oft für Desserts verwendet. Gekocht ist er dunkel violettrot

DEN Reis in eine Schüssel füllen und kaltes Wasser angießen, bis es 5 cm über dem Reis steht. Mindestens 3 Stunden einweichen, am besten über Nacht.

DEN Reis abgießen und sauberes Wasser auf-füllen. Den Reis vier- bis fünfmal durch die Finger laufen lassen. Zwei- bis dreimal mit klarem Wasser wiederholen, um die überschüssige Stärke zu ent-fernen. (Bei schwarzem Reis wird das Wasser nie ganz klar, auch wenn die Stärke abgespült ist.) Den Reis in einen Topf geben und 625 ml kaltes Wasser angießen.

ZUM Kochen bringen, dabei häufig umrühren. Bei mittlerer Hitze unter Rühren 30 bis 35 Minuten köcheln lassen, bis fast alle Flüssigkeit aufge-nommen ist. Der Reis sollte sehr feucht, im Topf aber kaum noch Wasser übrig sein. (Einige Körner probieren, um zu sehen, ob sie gar sind.)

INZWISCHEN den Taro abgießen, auf einem Teller ausbreiten und in einen Dämpfeinsatz stellen. Diesen vorsichtig auf einen Topf mit kochendem Wasser bei starker Hitze setzen. Zugedeckt 8 bis 10 Minuten dämpfen, bis der Taro gar ist.

WENN der Reis gar ist, den Zucker vorsichtig unterrühren, bis er sich auflöst. Den Taro hinzu-fügen und vorsichtig mischen.

Akah-Armbänder auf dem Markt.

DAS Salz in die Kokosmilch rühren. Den Pudding auf einzelne Schalen verteilen und mit Kokosmilch beträufeln. Warm servieren.

KÜRBIS MIT CREME

DAS TRADITIONELLE THAI-DESSERT MIT KOKOSMILCH UND PALM- ODER KOKOSZUCKER SCHMECKT SÜSS UND KRÄFTIG. DAFÜR EIGNEN SICH HONIGFARBENE KÜRBISSE, ENTWEDER EIN KLEINER BIS MITTELGROSSER ODER VIER SEHR KLEINE. ZUM SERVIEREN WERDEN SIE IN SPALTEN GESCHNITTEN.

2 EL Kokosmilch (Seite 279)
2 Eier
150 g Palmzucker, in sehr kleine
    Stücke geschnitten oder gerieben
2–3 Pandanusblätter, getrocknet, in
    kleine Stücke geschnitten und zer-
    drückt, oder 1 TL Vanilleessenz
1 kleiner bis mittelgroßer Kürbis oder
    4 sehr kleine Kürbisse

4 PORTIONEN

FÜR die Creme in einer Schüssel Kokosmilch, Eier, Palmzucker, Pandanusblätter und eine Prise Salz 10 Minuten lang mit dem Löffel verrühren, bis sich der Zucker aufgelöst hat.

VORSICHTIG einen Deckel von den Kürbissen schneiden. Dabei den Kürbis sonst nirgends durchstoßen, da er an diesen Stellen leicht auf- reißt. Mit einem Löffel Samen und Fasern heraus- holen.

DIE Creme abseihen und die Pandanusblätter wegwerfen. Die Creme in die Kürbisse füllen, sodass noch 2,5 cm Rand bleiben.

EINEN Wok oder Dämpftopf mit Wasser füllen und zugedeckt bei starker Hitze zum Kochen bringen. Die Kürbisse auf einen Teller legen, der auf einen Bambusdämpfkorb oder den Dämpfeinsatz des Woks passst. Den Teller vorsichtig auf den Dämpf- einsatz stellen. Zudecken und bei schwacher Hitze 30 bis 45 Minuten dämpfen, bis der Kürbis gar und die Creme luftig ist. Etwa alle 10 Minuten das Wasser kontrollieren und eventuell auffüllen.

DIE Platte ausschalten und den Deckel abheben. Den Kürbis vorsichtig herausnehmen und zum Abkühlen beiseite stellen. Er kann auch im Dämpftopf auf Zimmertemperatur abkühlen.

ZUM Servieren den Kürbis in dicke Spalten schneiden. Bei Zimmertemperatur oder gekühlt servieren.

DIE Creme kann auch in einer flachen Kuchenform gedämpft und löffelweise auf gedämpftem Klebreis mit Kokosmilch (Seite 280) serviert werden.

Das obere Ende der Kürbisse abschneiden und die Samen herauslöffeln. Die Creme absei- hen und in die Kürbisse füllen.

SANGKAYA
CREMES

DIE KLASSISCHE CREME, DIE IM KÜRBIS GEDÄMPFT WIRD, IST NUR EINE VON VIELEN IN THAILAND BELIEBTEN CREMES. AUSSER KOKOSNUSS, WERDEN AUCH SÜSSKARTOFFELN, JACKFRUCHT UND TARO VERWENDET. IN BANANENBECHERN SERVIEREN ODER IN KLEINE KÜRBISSE FÜLLEN.

Die Bananenbecher möglichst gerade stellen, damit die Füllung nicht herausläuft.

Bananenblätter
80 ml Kokosmilch (Seite 279)
7 Eier
275 g Palmzucker, in sehr kleine
    Stücke geschnitten
¼ TL Salz
5–6 frische Pandanusblätter,
    getrocknet, in kleine Stücke
    geschnitten und zerdrückt, oder
    3 TL Vanilleessenz
100 g junges Kokosfleisch, in kleine
    Stücke geschnitten, oder orange
    Süßkartoffeln, Jackfrucht oder
    Taro, in Stifte geschnitten

6 PORTIONEN

DIE Bananenblätter für etwa 10 Sekunden in den heißen Backofen stellen oder kurz blanchieren, damit sie weich werden und nicht reißen. In 12 Kreise von etwa 13 cm Durchmesser schneiden. ein Blatt so vor sich legen, dass die Faser senkrecht verläuft. Darüber ein zweites Stück, bei dem die Faser quer verläuft. 1 cm tief und 4 cm lang (4 cm vom Rand und nicht weiter) einschlagen und mit einem spitzen Zahnstocher feststecken. Gegenüber und an den Seiten wiederholen, sodass vier Falten entstehen. Den Boden möglichst flach formen. Auf diese Weise 6 Becher herstellen. Es eignen sich auch flache, rechteckige Metallförmchen.

IN einer Schüssel Kokosmilch, Eier, Palmzucker, Pandanusblätter und eine Prise Salz 10 Minuten mit dem Löffel verrühren, bis sich der Zucker aufgelöst hat. Die Creme in eine Schüssel abseihen und die Pandanusblätter entfernen.

KOKOSNUSS, Süßkartoffeln, Taro oder Jackfrucht in die Creme geben und vorsichtig mischen. Die Creme in die Bananenbecher füllen, sodass noch 1 cm Rand bleibt.

EINEN Wok oder Dämpftopf halb mit Wasser füllen und zugedeckt bei starker Hitze zum Kochen bringen. Die Bananenbecher auf einen Teller stellen, der auf einen Bambusdämpfkorb oder den Dämpfeinsatz des Woks passt. Den Teller vorsichtig auf den Dämpfeinsatz stellen. Zudecken und bei schwacher Hitze 10 bis 15 Minuten dämpfen. Bei Zimmertemperatur oder gekühlt servieren. Die Creme kann zugedeckt im Kühlschrank 3 bis 4 Tage aufbewahrt werden.

Durian werden zum Verkauf vorbereitet

KOKOSEIS

400 ml dünne Kokosmilch
(Seite 279)
250 ml Crème double
2 Eier
4 Eigelb
160 g feiner Zucker
¹/₄ TL Salz

10 PORTIONEN

KOKOSMILCH und Crème double in einen mittelgroßen Topf füllen. Bei schwacher Hitze 2 bis
3 Minuten rühren, ohne zu kochen. Vom Herd
nehmen und zugedeckt auf einer Schüssel mit
kochendem Wasser warm stellen.

EIER, Eigelb, Zucker und Salz in einer großen,
feuerfesten Schüssel in 3 Minuten mit dem Handrührgerät schaumig schlagen.

DIE Schüssel in einen Topf mit köchelndem Wasser
stellen. Weiter rühren und nach und nach die
Kokosmischung hinzufügen, bis die Creme dicker
wird. Das dauert 8 bis 10 Minuten. Die Creme sollte an der Rückseite eines Löffels hängenbleiben.
Nicht kochen, da sie sonst gerinnt. Zum Abkühlen
beiseite stellen, dabei gelegentlich umrühren. In
eine Tiefkühlbox oder in die Eismaschine geben.
Während des Einfrierens mindestens zweimal aus
dem Gefrierfach nehmen und die Creme mit dem
Handrührgerät aufschlagen, damit reichlich Luft
hineinkommt. Zugedeckt einfrieren. In Bällchen servieren und mit Kokosscheiben garnieren.

MANGOSORBET

MANGOSORBET

3 reife Mangos
150 g Palmzucker
abgeriebene Schale und Saft von
1 Limone

4 PORTIONEN

DIE Mangos schälen und das Fruchtfleisch von
den Steinen lösen. In kleine Stücke hacken. Den
Zucker und 185 ml Wasser in einem Topf zum
Kochen bringen. Die Hitze reduzieren und die
Flüssigkeit auf die Hälfte einkochen. Zuckersirup,
Mango, Limonenschale und -saft im Mixer pürie-
ren.

IN eine Tiefkühlbox oder in die Eismaschine füllen.
Während des Einfrierens mindestens zweimal aus
dem Gefrierfach nehmen und das Sorbet mit dem
Handrührgerät aufschlagen, damit reichlich Luft
hineinkommt und es nicht zu hart wird. Zudecken
und einfrieren.

PALMEN Die Provinz Phetchaburi ist für ihre Süßigkeiten berühmt – und sie ist das Land der Palmen. Kokos- und Zuckerpalmen liefern den Süßwarenherstellern Rohstoffe. Kokosnüsse werden frisch und getrocknet verwendet. Frisch ist das Fruchtfleisch geleeartig weich und enthält viel Flüssigkeit (links). Älteres, trockeneres Fruchtfleisch wird zerkleinert (unten Mitte) und zum Garnieren verwendet. Mit Kokosnuss wird in

SÜSSIGKEITEN

IN THAILAND BEZEICHNET DER BEGRIFF *KHWANG WAAN*,

SÜSSE SACHEN, ALLES WAS SÜSS IST – DESSERTS, SÜSSE

SNACKS UND SÜSSIGKEITEN IM ENGEREN SINN. DIE MEISTEN

KHWANG WAAN WERDEN EHER ALS SNACKS GEGESSEN UND

NICHT ALS NACHTISCH, TROTZDEM KANN EIN MENÜ MIT EINEM

SÜSSEN GERICHT ENDEN.

Süße Sachen gehören schon immer zur Thai-Küche. Ursprünglich wurden sie mit zerdrückten Bohnen, Kokosnuss, Reis, Zucker und Obst hergestellt. Der Gedanke, dies mit Eiern und Teig zu kombinieren, kam mit den Portugiesen ins Land. Noch später trat die Eiscreme ihren Siegeszug an.

STRUKTUR, FARBE UND AROMA

Thailändische Süßigkeiten unterscheiden sich von den europäischen in Struktur und Aroma. Eiercremes und Kuchen erinnern zwar an europäische Desserts, sind aber meist viel süßer. Anders als in Europa würzt man Kokosnussdesserts und -süßigkeiten mit Salz, um mit der Süße zu kontrastieren. Blüten- und Blattaromen, etwa von Jasmin oder Pandanus, werden für Zuckersirup verwendet. Beliebte Strukturen sind

In Blättern gedämpfter Klebreis aromatisiert (gegenüber unten rechts, diese Seite unten links). Palmzucker gibt es in verschiedenen Graden, der beste stammt aus der Provinz Phetchaburi. Meist wird er in Scheiben oder Stäben verkauft (unten Mitte), weichere Arten aber auch in Fässern. Mit Palmzucker werden Thai-Waffeln gesüßt (oben) und duftender Sirup für »feuchte« Süßigkeiten und Schichtspeisen hergestellt.

Gelee, Creme und klebriger Reis. Oft kombinieren die Thailänder verschiedene Strukturen, etwa in Desserts wie den »grünen Schnüren«, grüner Teig wird mit zerstoßenem Eis, Zuckersirup und Kokossaft serviert. Die Farben tragen Pandanus (grün), Eigelb (gelb), Kokosasche und Sesam (schwarz) bei. Knackig werden die Desserts durch Lotussamen, Bohnen, Zuckermaiskörner und Wasserkastanien. Obst wird frisch gegessen, aber auch kandiert und eingelegt.

FESTE

Manche Süßigkeiten gehören zu bestimmten Zeremonien und sollen vielfach die Götter milde stimmen. Andere isst man zu bestimmten Jahreszeiten wie Aschepudding zu Neujahr und Klebreis mit Bananen am Ende der Fastenzeit.

CREMES

KOKOSCREME *(Sangkaya)* Diese beliebte gebackene Kokoscreme wird in der Süßwarenfabrik Mei Kim Lui mit Enteneiern, Palmzucker und Kokosmilch hergestellt. Jeden Morgen bringt die Fabrik Hunderte davon in ihre Läden. Die Zutaten sind alle in Phetchaburi, der Provinz mit dem besten Palmzucker, heimisch. Der Koch mischt die Creme in großen Mengen und gießt sie in Förmchen auf Backblechen. Dann werden

sie eine Stunde im Ofen gebacken und kühlen dann ab. Sie kommen in der Form in den Handel. Manche sind belegt: Knoblauchscheiben, Schalotten und Erdnüsse sind besonders beliebt. Die Verwendung von Eiern für diese Cremespeise geht möglicherweise auf portugiesische Desserts aus dem 14. und 15. Jahrhundert zurück.

PALMZUCKER

PALMZUCKER Für Palmzucker wird der Saft der Zuckerpalme (Ton Taan) gekocht. Der Saft wird zweimal am Tag gesammelt, früh morgens und am frühen Abend. Dann wird er auf die gewünschte Konsistenz eingekocht. Einige Sirups werden mit Pandanusblättern aromatisiert. Der dünnste Sirup wird in Flaschen als Saft verkauft, der auf Eis getrunken wird. Der dickste kristallisiert zu festem Zucker aus.

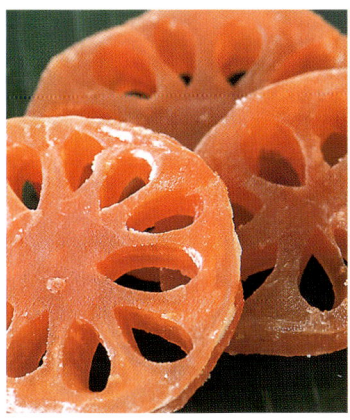

KANDIERTE LOTUSWURZEL
Kandierte Früchte und Gemüse
sind beliebte Süßspeisen.
Lotuswurzeln werden in Scheiben
in einem Zuckersirup gekocht.

GOLDENE BLÜTEN Hierfür wird
das Eigelb von Enteneiern in kö-
chelnden Sirup gespritzt, sodass
die Blütenformen entstehen. Hier
sind sie in kleinen Teigbechern.

**PALMFRÜCHTE IN ZUCKER-
SIRUP** gibt es löffelweise in
kleinen Plastiktüten zu kaufen.
Dazu isst man Kokosmilch.

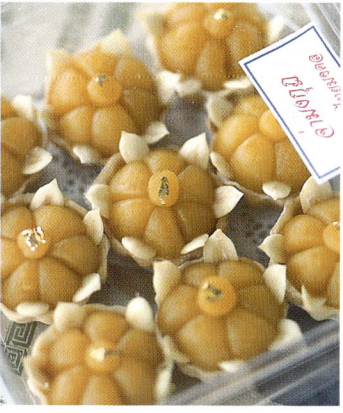

SÜSSE BOHNENPASTE Dicke,
gesüßte Mungobohnenpaste
wird in verschiedene dekorative
Formen gegossen. Diese erinnern an Mangostanen.

KOKOSPUDDING Dieser Pudding besteht aus einem klaren,
süßen Gelee mit Kastanien oder
Lotussamen und darüber einem
salzigen Kokosgelee.

KOKOSCREME *(Sangkaya fak
thawang)* Dies ist ein beliebter
Snack. Kokoscreme wird in
kleinen, ausgehölten Kürbissen
gedämpft.

KOKOSWAFFELN Die dünnen,
knusprigen Waffeln werden aus
Kokosnuss, Reismehl und Palmzucker hergestellt. Die Tüten sind
in Cellophan verpackt.

CHINESISCHE KUCHEN Sie
sind mit grünen Mungobohnen
oder roten Bohnen gefüllt. Es
sind beliebte Geburtstags- und
Hochzeitsgeschenke.

TEIGKÖRBCHEN Für diese moderne Süßspeise werden Teigkörbchen mit einer dunklen, süßen Palmzuckermischung gefüllt.
Zuckerstreusel sorgen für Farbe.

GLASIERTE FRÜCHTE *(luuk
chup)* Die raffinierte Süßigkeit
wird aus Sojabohnenpaste ge-
formt und in ein klares Gelee ge-
taucht.

GELEEBONBONS Diese werden
aus Durian (braun), Pandanusblättern (grün) und Sesam
(schwarz) hergestellt. Sie sind
einzeln in Cellophan verpackt.

SCHWARZER KLEBREIS Das
beliebte Dessert ist eher violett als
schwarz. Es wird in kleinen Tüten
mit etwas gesalzener Kokosmilch
verkauft.

GRUNDLAGEN

Die gehackten Zutaten zu einer glatten Paste zerstoßen.

CURRYPASTE CHIANG MAI

KHREUANG KAENG PHANAENG

TROCKENE CURRYPASTE

2 getrocknete lange rote Chilis, etwa 13 cm lang

2 Stängel Zitronengras, nur das Weiße, in feine Scheiben geschnitten

2,5 cm Galgant, fein gehackt

4–5 Knoblauchzehen, fein gehackt

3–4 Schalotten, fein gehackt

5–6 Korianderwurzeln, fein gehackt

1 TL Garnelenpaste

1 TL gemahlenes Kumin, trocken geröstet

3 EL ungesalzene Erdnüsse, gehackt

ERGIBT 80 GRAMM

DIE Chili entstielen und der Länge nach aufschlitzen. Die Samen entfernen. Die Chilis 1 bis 2 Minuten in heißem Wasser einweichen. Abgießen und grob hacken.

IM Mörser Chilis, Zitronengras und Galgant zu einer Paste verarbeiten. Die restlichen Zutaten nacheinander hinzufügen und weiter stoßen, bis eine sehr glatte Paste entsteht.

ODER die Zutaten im Mixer so glatt wie möglich pürieren. Eventuell etwas Speiseöl zugeben, damit sie sich besser verbinden.

DIE Paste nach Bedarf verwenden oder in einem luftdicht verschlossenen Glas lagern. Sie hält sich mindestens zwei Wochen im Kühlschrank oder zwei Monate im Gefrierfach.

KHREUANG KAENG HANGLEH

CURRYPASTE CHIANG MAI

1 EL Koriandersamen

2 TL Kreuzkümmelsamen

2 getrocknete lange rote Chilis, etwa 13 cm lang

1/2 TL Salz

5 cm Galgant, gerieben

1 Stängel Zitronengras, nur das Weiße, fein gehackt

2 Schalotten, gehackt

2 Knoblauchzehen, gehackt

1 TL geriebener oder 1 Prise gemahlener Kurkuma

1 TL Garnelenpaste

1/2 TL gemahlene Kassia oder Zimt

ERGIBT 185 GRAMM

DEN Koriander in einer kleinen, trockenen Pfanne 1 Minute rösten, bis er duftet, und herausnehmen. Mit dem Kreuzkümmel wiederholen. Beide im Mörser zu Pulver zerstoßen.

DIE Chili entstielen und der Länge nach aufschlitzen. Die Samen entfernen. Die Chilis 1 bis 2 Minuten in heißem Wasser einweichen. Abgießen und grob hacken.

IM Mörser Chilis, Salz, Zitronengras, Galgant, Schalotten, Knoblauch und Kurkuma zu einer möglichst glatten Paste verarbeiten. Garnelenpaste, Koriander, Kreuzkümmel und Kassia hinzufügen und weiter stoßen, bis eine glatte Paste entsteht.

ODER die Zutaten im Mixer sehr glatt pürieren. Eventuell etwas Speiseöl zugeben, um das Pürieren zu erleichtern.

GRÜNE CURRYPASTE

1 TL gemahlener Koriander

1 TL gemahlener Kreuzkümmel

8–10 kleine grüne Chilis, entkernt

2 Stängel Zitronengras, nur das
   Weiße, in feine Scheiben
   geschnitten

2,5 cm Galgant, fein gehackt

1 TL sehr fein gehackte Kaffir-
   Limette oder -blätter (etwa
   die Schale einer halben Limette
   oder 4–5 Blätter)

4–5 Knoblauchzehen, fein gehackt

3–4 Schalotten, gehackt

5–6 Korianderwurzeln, fein gehackt

eine Hand voll Thai-Basilikum,
   fein gehackt

2 TL Garnelenpaste

ERGIBT 125 GRAMM

DEN Koriander in einer kleinen, trockenen Pfanne 1 Minute rösten, bis er duftet, und herausnehmen. Mit dem Kreuzkümmel wiederholen. Beide vermischen.

IM Mörser Chilis, Zitronengras, Galgant und Limettenschale bzw. -blätter zu einer Paste verarbeiten. Knoblauch, Schalotten und Korianderwurzeln hinzugeben und weiter stoßen. Die restlichen Zutaten und die gerösteten Gewürze nacheinander hinzufügen und weiter stoßen, bis eine glatte Paste entsteht.

ODER die Zutaten im Mixer so glatt wie möglich pürieren. Eventuell etwas Speiseöl zugeben, damit sie sich besser verbinden.

DIE Paste nach Bedarf verwenden oder in einem luftdicht verschlossenen Glas lagern. Sie hält sich mindestens zwei Wochen im Kühlschrank oder zwei Monate im Gefrierfach.

Limettenschale oder -blätter sehr fein hacken. Trocken geröste gemahlene Gewürze entwickeln ein besseres Aroma.

GELBE CURRYPASTE

3 TL Koriandersamen, trocken
   geröstet

1 TL Kreuzkümmelsamen, trocken
   geröstet

2–3 getrocknete lange rote Chilis

2 Stängel Zitronengras, nur das
   Weiße, in feine Scheiben
   geschnitten

3 Schalotten, fein gehackt

2 Knoblauchzehen, fein gehackt

2 EL geriebener oder 1 TL gemahlener Kurkuma

1 TL Garnelenpaste

ERGIBT 250 GRAMM

KORIANDER und Kreuzkümmel einzeln im Mörser zu Pulver zerstoßen.

DIE Chilischoten entstielen, der Länge nach aufschlitzen und entkernen. Die Chilis für 1 bis 2 Minuten in heißem Wasser einweichen. Abgießen und grob hacken.

IM Mörser Chili, Zitronengras, Schalotten, Knoblauch und Kurkuma zu einer möglichst glatten Paste verarbeiten. Garnelenpaste, Koriander und Kreuzkümmel hinzufügen und weiter stoßen, bis eine glatte Paste entsteht. Oder die Zutaten im Mixer sehr glatt pürieren. Eventuell etwas Speiseöl zugeben, um das Pürieren zu erleichtern. Die Paste nach Bedarf verwenden. Oder in einem luftdicht verschlossenen Glas. mindestens zwei Wochen im Kühlschrank oder zwei Monate im Gefrierfach lagern.

GELBE CURRYPASTE

ROTE CURRYPASTE

3–4 getrocknete lange rote Chilis,
etwa 13 cm lang

8–10 getrocknete kleine rote Chilis,
etwa 5 cm lang, oder 10 frische
kleine rote Chilis, entkernt

2 Stängel Zitronengras, nur das
Weiße, in feine Scheiben
geschnitten

2,5 cm Galgant, in feine Scheiben
geschnitten

1 TL sehr fein gehackte Limettenschale oder -blätter (etwa die
Schale einer halben Limette oder
4–5 Blätter)

4–5 Knoblauchzehen, fein gehackt

3–4 Schalotten, fein gehackt

5–6 Korianderwurzeln, fein gehackt

2 TL Garnelenpaste

1 TL gemahlener Koriander, trocken
geröstet

ERGIBT 125 GRAMM

DIE Chilis entstielen, der Länge nach aufschlitzen und entkernen. Die Chilis 1 bis 2 Minuten in heißem Wasser einweichen. Abgießen und grob hacken.

IM Mörser Chilis, Zitronengras, Galgant und Limettenschale bzw. -blätter zu einer Paste verarbeiten. Die restlichen Zutaten hinzufügen und weiter stoßen, bis eine glatte Paste entsteht.

ODER die Zutaten im Mixer möglichst glatt pürieren. Eventuell etwas Speiseöl zugeben, damit sie sich besser verbinden.

DIE Paste nach Bedarf verwenden oder in einem luftdicht verschlossenen Glas lagern. Sie hält sich mindestens zwei Wochen im Kühlschrank oder zwei Monate im Gefrierfach.

Getrocknete Chilischoten vor dem Einweichen aufschlitzen und die Samen entfernen.

MASSAMAN-CURRYPASTE

2 getrocknete lange rote Chilis, etwa
13 cm lang

1 Stängel Zitronengras, nur das
Weiße, in feine Scheiben
geschnitten

2,5 cm Galgant, fein gehackt

5 Nelken

10 cm Stangenzimt, zerdrückt

10 Kardamomsamen

1/2 TL frisch gemahlene Muskatnuss

6 Knoblauchzehen, fein gehackt

4 Schalotten, fein gehackt

4–5 Korianderwurzeln, fein gehackt

1 TL Garnelenpaste

ERGIBT 250 GRAMM

DIE Chilis entstielen, der Länge nach aufschlitzen und entkernen. Die Chilis 1 bis 2 Minuten in heißem Wasser einweichen. Abgießen und grob hacken.

IM Mörser Chilis, Zitronengras, Galgant, Nelken, Zimt, Kardamom und Muskat zu einer Paste verarbeiten. Knoblauch, Schalotten und Koriander hinzufügen und weiter stoßen. Die Garnelenpaste hinzugeben und weiterarbeiten, bis eine glatte Paste entsteht.

ODER die Zutaten im Mixer möglichst glatt pürieren. Eventuell etwas Speiseöl zugeben, damit sie sich besser verbinden. Die Paste nach Bedarf verwenden oder in einem luftdicht verschlossenen Glas lagern. Sie hält sich mindestens zwei Wochen im Kühlschrank oder zwei Monate im Gefrierfach.

MASSAMAN-CURRYPASTE

KA-THI

KOKOSMILCH, DICK UND DÜNN

GERIEBENES KOKOSMARK SCHMECKT AM BESTEN FRISCH. ZWAR LÄSST SICH KOKOSMILCH AUCH AUS

GETROCKNETEM KOKOSMARK HERSTELLEN, DAFÜR MUSS ES JEDOCH EINGEWEICHT UND DANN FEI-

NER GEHACKT WERDEN, SONST IST ES ZU FASERIG. EINE KOKOSREIBE IST DAS BESTE WERKZEUG.

1 Kokosnuss (ergibt etwa 300 g
    Fleisch)

ERGIBT 125 ML DICKE UND
    250 ML DÜNNE KOKOSMILCH

JEWEILS ein Loch in die zwei Augen der Kokosnuss stoßen und die Flüssigkeit ablaufen lassen.
Sie eignet sich als erfrischendes Getränk. Die
Kokosnuss in einer Hand halten und mit der
anderen Hand die Nuss rundum mit dem Hammer
oder Meißel aufschlagen. Sie sollte sich gleichmäßig öffnen. (Wenn die Schale nicht leicht bricht,
die Nuss für 15 Minuten bei 150 °C/Gas 2 in den
Backofen stellen. Eventuell bricht die Schale schon
beim Abkühlen, wenn nicht, lässt sie sich jetzt
leicht mit dem Hammer öffnen.)

DIE besten Kokosreiben sind die, bei denen man
auf einem Ende sitzt, die Kokosnusshälften am
Rand abkratzt und das Fleisch in einer großen
Schüssel auffängt. Ohne Kokosreibe wird das
Fleisch aus der Schale gelöst und die harte,
braune Haut abgezogen. Dann das Fleisch von
Hand auf der Rohkostreibe reiben oder in der
Küchenmaschine hacken. Geriebene Kokosnuss
kann in kleinen Mengen eingefroren werden.

DIE geriebene Kokosnuss mit 125 ml heißem
Wasser mischen und 5 Minuten ziehen lasssen.
Ein Sieb mit einem Tuch auslegen und die
Mischung in ein Gefäß abseihen. Das Tuch auf-
nehmen und die verbliebene Flüssigkeit aus-
pressen. So entsteht dicke Kokosmilch.

DEN Vorgang mit 250 ml Wasser wiederholen, um
dünnere Kokosmilch zu erhalten.

Die Nuss aufschlagen. Die
Hälften trennen, das Fleisch
herausreiben, in heißem Wasser
ziehen lassen und abseihen.

KLEBREIS

GEDÄMPFTER KLEBREIS MIT
KOKOSMILCH

KHAO PLAO
GEDÄMPFTER REIS

400 g Jasminreis

4 PORTIONEN

DEN Reis abspülen, bis das Wasser klar abläuft.
Dann in einen Topf geben, Wasser angießen, bis
es 5 cm über dem Reis steht. Zum Kochen bringen und zugedeckt 10 bis 15 Minuten köcheln
lassen. Vom Herd nehmen und 10 Minuten ruhen
lassen.

KHAO NIAW
KLEBREIS

400 g Klebreis

4 PORTIONEN

DEN Reis in eine Schüssel füllen und kaltes
Wasser angießen, sodass es 5 cm über dem Reis
steht. Mindestens 3 Stunden, am besten über
Nacht, stehen lassen. Abgießen und in einen
Bambusdämpfkorb für Klebreis geben oder den
normalen Dämpfeinsatz doppelt mit Stoff aus-
legen. Den Reis im Dämpfkorb verteilen. Das
Wasser im Dämpftopf zum Kochen bringen. Den
Reis vorsichtig daraufsetzen. Hitze reduzieren und
zugedeckt 20 bis 25 Minuten dämpfen, bis der
Reis aufgeht und weich wird. Die Kochzeit hängt
von der Einweichzeit ab. Etwa alle 10 Minuten das
Wasser kontrollieren und eventuell auffüllen.

WENN der Reis gar ist, ihn auf eine große Platte
füllen und ausbreiten, damit er schnell abkühlt.
Wenn er zu langsam abkühlt, wird er zu weich.
Warm oder kalt servieren.

KHAO NIAW KA-THI
GEDÄMPFTER KLEBREIS MIT KOKOSMILCH

200 g Klebreis
170 ml dünne Kokosmilch
   (Seite 279), gut gerührt
1 EL Palmzucker (nicht zu braun)
½ TL Salz

4 PORTIONEN

DEN Klebreis wie oben beschrieben dämpfen.

WÄHREND der Reis gart, Kokosmilch, Zucker und
Salz in einem kleinen Topf bei schwacher Hitze
verrühren, bis der Zucker sich auflöst. Sobald der
Reis fertig ist, ihn mit einem Holzlöffel vorsichtig
unter die Kokosmilch mischen. 15 Minuten ruhen
lassen.

NAAM JIM PHRIK
CHILIGELEE

80 ml Öl
2 Schalotten, fein gehackt
2 Knoblauchzehen, fein gehackt
40 g getrocknete Chiliflocken
1/4 TL Palmzucker

ERGIBT 185 GRAMM

DAS Öl in einem kleinen Topf erhitzen, Schalotten und Knoblauch darin bräunen. Chiliflocken und Palmzucker hinzufügen und gut umrühren. Mit einer Prise Salz würzen. Als Dip oder Würzbeilage verwenden. Das Gelee hält sich in einem Glas im Kühlschrank mehrere Wochen.

NAAM PHRIK PHAO
GERÖSTETE CHILISAUCE

Öl, zum Anbraten
20 Schalotten, in Scheiben
 geschnitten
10 Knoblauchzehen, in Scheiben
 geschnitten
3 EL getrocknete Garnelen
7 getrocknete, lange rote Chilis,
 gehackt
3 EL Tamarindenmus oder
 3 EL Limonensaft
6 EL Palmzucker
1 TL Garnelenpaste

ERGIBT 250 GRAMM

DAS Öl im Wok oder Topf erhitzen. Schalotten und Knoblauch darin golden anbraten, dann in den Mixer geben.

GARNELEN und Chilis darin 1 bis 2 Minuten anbraten, dann mit den restlichen Zutaten in den Mixer geben. So viel Bratöl wie nötig zugeben, um eine gießfähige Paste zu erhalten. Diese in den sauberen Topf geben und zum Kochen bringen. Die Hitze reduzieren und die Paste dick einkochen. Vorsicht: Wird zu lange eingekocht, bleibt nur ein karamellisierter Klumpen. Die Sauce mit Salz oder Fischsauce würzen. Sie wird als Grundlage für Pfannengerührtes verwendet, aber auch als Würzzutat und -beilage. In einem luftdicht verschlossenen Glas hält sie sich mehrere Monate.

GERÖSTETE CHILISAUCE

NAAM JIM AAHAAN THALEH
KNOBLAUCH-CHILI-SAUCE

4 Knoblauchzehen, fein gehackt
3 Vogelaugenchilis, rot und grün,
 entstielt, leicht zerdrückt
2 EL Limonensaft
1 EL Fischsauce
1 TL Zucker

ERGIBT 125 ML

ALLE Zutaten in einer kleinen Schüssel mischen. Die Sauce hält sich in einem Glas im Kühlschrank mehrere Wochen.

KNOBLAUCH-CHILI-SAUCE

PFLAUMENSAUCE

ERDNUSSSAUCE

NAAM JIM PHRIK
SÜSSE CHILISAUCE

7 lange rote Chilis, entkernt, grob
  gehackt
185 ml weißer Essig
8 EL Zucker
1/2 TL Salz

ERGIBT 60 ML

IM Mörser oder Mixer die Chilis zu einer groben Paste verarbeiten.

IN einem kleinen Topf Essig, Zucker und Salz bei starker Hitze unter Rühren aufkochen und in 15 bis 20 Minuten zu einem dicken Sirup einkochen lassen. Die Paste in den Sirup geben, 1 bis 2 Minuten weiter kochen und zum Servieren in eine Schüssel füllen.

NAAM JIM GEAM BOUI WAHN
PFLAUMENSAUCE

185 ml weißer Essig
8 EL Zucker
1 eingemachte Pflaume (im Glas
  erhältlich) ohne Flüssigkeit

ERGIBT 60 ML

IN einem kleinen Topf Essig und Zucker unter ständigem Rühren schnell aufkochen. Bei mittlerer Hitze in 15 bis 20 Minuten zu einem dicken Sirup einkochen lassen.

DIE Pflaume hinzufügen und mit Löffel und Gabel zerdrücken. In 1 bis 2 Minuten zu einer glatten Paste kochen, dann zum Servieren in eine Schüssel füllen.

NAAM JIM SA-TE
ERDNUSSSAUCE

2 Knoblauchzehen, zerdrückt
4 Schalotten, fein gehackt
1 Stängel Zitronengras, nur das
  Weiße, fein gehackt
2 TL Thai-Currypulver (Seite 287)
  oder fertiges Pulver
1 EL Tamarindenmus
1 EL Chilipaste
160 g ungesalzene, geröstete
  Erdnüsse, grob gehackt
375 ml Kokosmilch (Seite 279)
2 TL Palmzucker

ERGIBT 375 GRAMM

IN einem Topf 1 TL Pflanzenöl erhitzen und Knoblauch, Schalotten und Zitronengras darin 1 Minute anbraten. Das Currypulver einrühren, bis es duftet.

DIE restlichen Zutaten hinzufügen und langsam zum Kochen bringen. So viel kochendes Wasser angießen, dass eine löffelfertige Sauce entsteht, und 2 Minuten köcheln lassen. Nach Geschmack salzen.

KHAI KEM
SOLEIER

10 frische Enteneier
   (falls vorhanden), oder große
   Hühnereier, gesäubert
175 g Salz
Schraubglas, in dem alle Eier Platz
   haben

10 STÜCK

IN einem Topf 625 ml Wasser erhitzen und das Salz darin auflösen. Abkühlen lassen.

SEHR vorsichtig, damit die Schalen nicht brechen, die Eier in das Glas legen. Mit dem abgekühlten Salzwasser übergießen. Das Glas verschließen und 3 Wochen stehen lassen. Wenn die Eier länger stehen bleiben, werden sie zu salzig. Gesalzene Eier halten sich in ihrem Glas bis zu zwei Monate. Abgießen und nach Bedarf verwenden: Die Eier kochen, das Eigelb weiter verwenden, das Eiweiß entfernen.

CURRYPULVER

PHONG KARII
CURRYPULVER

1 EL schwarze Pfefferkörner
2 TL weiße Pfefferkörner
1 EL Nelken
3 EL Koriandersamen
3 EL Kreuzkümmelsamen
1 EL Fenchelsamen
Samen aus 8 Kardamomschoten
3 EL getrocknete Chiliflocken
2 EL gemahlener Ingwer
3 EL gemahlener Kurkuma

ERGIBT 125 GRAMM

PFEFFER, Nelken, Koriander, Kreuzkümmel und Fenchel nacheinander in einer trockenen Pfanne bei schwacher Hitze rösten, bis sie duften.

IN einer Gewürzmühle oder mit dem Mörser zu einem Pulver verarbeiten. Die restlichen Zutaten hinzufügen und weiter mahlen. In einem luftdichten Gefäß aufbewahren.

GURKENRELISH

AJAT
GURKENRELISH

4 EL Reisessig
125 g Zucker
1 kleine rote Chili, entkernt, gehackt
1 TL Fischsauce
80 g Erdnüsse, leicht geröstet
1 Gurke, mit Schale, ohne Samen,
   fein gewürfelt

ERGIBT 185 GRAMM

ESSIG und Zucker in einem kleinen Topf mit 125 ml Wasser zum Kochen bringen und 5 Minuten bei schwacher Hitze köcheln lassen.

ABKÜHLEN lassen, dann Chili, Fischsauce, Erdnüsse und Gurke einrühren.

GLOSSAR

AUBERGINE *(Makheua)* Es gibt viele Auberginensorten in der Thai-Küche, wo, anders als im Westen, bitterer Geschmack sehr geschätzt wird. Weit verbreitet sind Thai-Auberginen *(Ma-Kheua Phraw),* die blassgrün, orange, violett, gelb oder weiß und golfballgroß sind. Lange Auberginen *(Ma-Kheua Yao)* sind dünn und grün. Erbsen-Auberginen *(Ma-Kheau Phuang)* sind winzig und schmecken bitter. Auberginen immer mit einem Edelstahlmesser schneiden.

AUSTERNSAUCE Verwenden Sie die Thai-Variante dieser chinesischen Sauce. Sie schmeckt stärker nach Austern.

BAMBUSSPROSSEN *(Naw Mai)* Die essbaren Triebe der Bambuspflanze. Während der Saison frisch, sonst in Gläsern und Dosen erhältlich. Frische Sprossen sollten blanchiert werden, wenn sie zu bitter sind.

BANANEN *(Kluay)* In Thailand werden über 20 verschiedene Bananensorten gern in der Küche verwendet werden. Sie unterscheiden sich im Geschmack: Die kleinen Zuckerbananen sind besonders süß.

BANANENBLÄTTER *(Bai Tawng)* Große grüne Blätter, die zum Einwickeln von Speisen (vor Gebrauch kurz in kochendes Wasser tauchen oder für 10 Sekunden in den heißen Backofen legen) und als Teller dienen. Junge Blätter sind besser. In Asia-Läden erhältlich.

BANANENBLÜTE *(Hua Plii)* Die violette, tropfenförmige Blüte der Bananenstaude. Nur der helle Kern der Blüte wird gegessen. Er muss in kochendem Wasser blanchiert werden, sonst schmeckt er bitter. Bei der Arbeit sollten Handschuhe getragen werden, da Bananenblüten einen Saft absondern, der Flecken auf der Haut hinterlässt. Gehackte Bananenblüten werden für Salate und manche Currys verwendet.

BASILIKUM In der Thai-Küche werden drei Basilikum-Arten verwendet.

Anis-Basilikum *(Bai Horapha)* ist am weitesten verbreitet. Es hat violette Stängel, grüne Blätter und ein anisartiges Aroma. Er wird zumeist verwendet für Currys, Suppen und Pfannengerührtes und manchmal als Beilage zu *Naam Phrik.*

Thai-Basilikum *(Bai Ka-Phrao)* ist rot oder grün und hat leicht spitze, panaschierte Blätter. Thai-Basilikum wird für Pfannengerührtes und Fischgerichte verwendet.

Zitronenbasilikum *(Bai Maeng-Lak)* ist weniger weit verbreitet. Damit werden Currys und Pfannengerührtes gewürzt oder es wird als Zugabe zu Reisnudeln gereicht.

BETELBLÄTTER *(Bai Cha-Phluu)* Es handelt sich hier nicht um echte Betelblätter, sondern um nahe Verwandte. Darin werden bestimmte Snacks verpackt. Als Ersatz eignen sich junge Spinatblätter.

Cha-Om Ein bitteres grünes Gemüse, das an einen Farn erinnert. Es wird für Omelettes und Pfannengerührtes verwendet.

CHILI *(Phrik)* Rote und grüne Chilis gehören in fast jedes Thai-Rezept. Meist wird eher die Sorte als die Farbe angegeben. Im Allgemeinen sind Thai-Chilis um so schärfer, je kleiner sie sind.

Vogelaugenchilis *(Phrik Khii Nuu)* sind die kleinsten und schärfsten. Sie sind zumeist grün, für die meisten Rezepte eignen sich aber auch rote.

Drachenaugenchilis *(Phrik Khii Nuu Suan)* sind etwas größer und weniger scharf.

Himmelweisende oder lange Chilis *(Phrik Chii Faa)* sind etwa 5 cm lang und milder als die kleineren. Sie werden für Pfannengerührtes, Salate und Currypasten verwendet.

Orange Chilis *(Phrik Leuang)* sind scharf, aber nicht so scharf wie Vogelaugenchilis.

Bananenchilis *(Phrik Yuak)* sind große, dicke gelbgrüne (fast leuchtende) Chilis mit mildem Aroma. Sie werden für Pfannengerührtes und Salate verwendet.

Getrocknete Chilis *(Phrik Haeng)* sind entweder lange oder Vogelaugenchilis. Werden oft in heißem Wasser eingeweicht. Entkernt sind sie weniger scharf.

CHILIGELEE *(Naam Jim Phrik)* Ein dickes, süßes Chilirelish, das sich auch als Sauce eignet. Selbst herstellen (Seite 283) oder fertig kaufen.

CHILISAUCE Gemeint ist meist Siracha-Chilisauce *(Naam Phrik Sii Raachaa)*, die häufiger als die vielen anderen Arten verwendet wird. Die dicke, orange Sauce ist nach der Hafenstadt benannt, wo sie hergestellt wird, und wird meist zu gegrilltem Fisch gereicht.

CHILISAUCE, GERÖSTETE *(Naam Phrik Phao)* Eine Sauce aus getrockneten roten Chilis, die in Öl geröstet werden. Meist wird sie mit Garnelenpaste und Palmzucker gewürzt. Es gibt sie mild, mittelscharf und scharf, sie wird in Gläsern und Plastikbeuteln verkauft. Ein Rezept findet sich auf Seite 283. Sie ist Gewürz oder Würzbeilage.

CHILIPULVER, GERÖSTETES *(Phrik Bon)* Chilipulver wird aus Vogelaugen- und langen Chilis hergestellt. Es ist in Asia-Läden erhältlich, kann aber auch selbst hergestellt werden: Ganze Chilischoten rösten und mahlen.

CHINESISCHER BROKKOLI *(Phak Kaa-Naa)* auch als *Gai Laan* in Asia-Läden erhältlich.

CURRYPASTE *(Khreuang Kaeng)* In Thailand wird Currypaste meist selbst hergestellt, kann aber auch frisch auf dem Markt oder abgepackt im Supermarkt gekauft werden. Alle Currypasten werden im Mörser sehr glatt zerstoßen. Besonders verbreitete Currypasten sind rote oder scharfe *(Kaeng Phet)*, grüne *(Kaeng Khiaw-Waan)*, Phanaeng oder trockene *(Kaeng Phanaeng)*, Massaman *(Kaeng Matsaman)*, saure orange *(Kaeng Somi)*, gelbe *(Kaeng Leuang)*, Chiang Mai oder Hangleh *(Kaeng Hangleh)* und Dschungel-Currypaste *(Kaeng Paa)*.

CURRYPULVER *(Phong Karii)* Wird in Thailand meist fertig gekauft, da es nur gelegentlich für Pfannengerührtes, Marinaden, Saucen und Currybeuteln verwendet wird.

DURIAN *(Thurian)* Die berühmt-berüchtigte Frucht mit dem entsetzlichen Gestank und dem süßen, cremigen Geschmack.

EINGELEGTE PFLAUMEN Salzige, sauer eingelegte Pflaumen werden für süß-saure Gerichte, für Pflaumensauce und zu gedämpftem Fisch verwendet. Sie sind in Asia-Läden erhältlich.

EINGELEGTER KOHL *(Phak Gaund Dong)* Gesalzener, eingelegter Kohl wird meist gehobelt verkauft, manchmal in irdenen Töpfen mit dem Etikett Tianjin. Er ist in Asia-Läden erhältlich.

EINGELEGTER RETTICH *(Tang Chai)* Gesalzener, eingelegter Rettich wird gehobelt oder in Streifen verkauft. Er wird auch japanisch als Daikon oder indisch als Mooli bezeichnet. Es gibt eine salzige und eine süß-salzige Variante, die in Asia-Läden erhältlich sind.

ESSIG *(Naam Som)* Weißer Kokosessig ist besonders weit verbreitet. Als Ersatz eignet sich jeder milde weiße Essig, Reisessig ist am besten.

FISCHSAUCE *(Naam Plaa)* wird aus gesalzenen, Sardellen-ähnlichen Fischen hergestellt, die sich natürlich zersetzen. Sie ist das wichtigste salzige Gewürz in der Thai-Küche und wird auch als Würzsauce serviert. Empfehlenswert sind die Marken Tiparos und Golden Boy. Im Norden und Nordosten gibt es eine fermentierte Version *(Naam Plaa Raa)*.

FLÜGELBOHNEN *(Thua Phuu)* Sie haben vier gerüschte Kanten und werden quer in Stücke geschnitten für Salate und Pfannengerührtes verwendet. So frisch wie möglich kaufen.

FRÜHLINGSROLLENBLÄTTER Die Blätter aus einem Weizenmehl-Eier-Teig sind in Asia-Läden in der Kühl- oder Gefriertheke erhältlich. Als Ersatz eignen sich auch Filoteigblätter.

GALGANT *(Khaa)* Ein Rhizom, ähnlich wie Ingwer, das in der Thai-Küche oft anstelle von Ingwer verwendet wird. Bekannt ist es als Zutat zu *Tom Khaa Kai*.

GARNELEN, GETROCKNETE *(Kung Haeng)* Sie werden entweder zu einem feinen Pulver zermahlen oder eingeweicht und ganz verwendet. Dunkel rosa sind sie am besten.

GARNELENPASTE *(Ka-Pi)* Eine stark riechende, dunkel braunrosa Paste, die in kleinen, meist mit Wachs verschlossenen Bechern verkauft wird. Sie wird aus gesalzenen, fermentierten und getrockneten Garnelen hergestellt. Möglichst eine Thai-Version wählen, da die Paste in verschiedenen Ländern verschieden zubereitet wird. Sie kann direkt verwendet, aber auch geröstet und gekühlt werden. Eine Hauptzutat für Dips wie *Naam Phrik*.

GELBE BOHNENSAUCE *(Tao Jiaw)* Eine Paste aus gelben Sojabohnen, wird als salziges Gewürz verwendet.

GETROCKNETER FISCH *(Plaa Haeng)* Er steht in vielen Thai-Rezepten, vor allem entlang der Küste. Gebraten und zerkrümelt wird er in Dips, Salate und Pasten gegeben.

INGWER *(Khing)* Das Rhizom einer tropischen Pflanze, das in »Händen« verkauft wird. Frischer junger Ingwer hat eine glatte, rosabeige Schale und ist fest und saftig. Mit der Zeit wird die Schale härter und das Fleisch faseriger und sehr zäh. Ingwermengen werden oft in Zentimetern angegeben, diese beziehen sich auf normal dicke Stücke.

INGWER, EINGELEGTER *(Khing Dong)* wird als Würzbeilage zu Currys und Snacks gegessen und ist fertig in Asia-Läden erhältlich.

JACKFRUCHT *(Kha-Nun)* Eine große, stachlige Frucht mit Fruchtfleischspalten, in denen dicke Kerne sitzen. Sie schmeckt nach Obstsalat und wird unreif für Currys verwendet.

JAVAAPFEL *(Chom-Phuu)* Eine knackige, wässrige Frucht ohne besonderen Geschmack, aber süß. Sie wird allein, aber auch mit Dips wie Naam Phrik gegessen.

KAFFIR-LIMETTE *(Luk Makrut)* Von dieser Frucht wird eher die knotige Schale verwendet als der bittere Saft. Die Blätter *(Bai Makrut)* enthalten ein duftendes Zitrusöl. Sie werden sehr fein gehackt oder in große Stücke gerissen verwendet. Sie sind auch tiefgefroren im Handel, dann aber weniger aromatisch.

KARDAMOM *(Luuk Kra-Waan)* In Currys mit indischem oder muslimischem Einschlag wie *Massaman* wird eine runde, weiße Kardamomsorte verwendet. Als Ersatz eignet sich der gewöhnliche grüne Kardamom. Die Schoten ganz oder zerdrückt verwenden.

KETJAP MANIS Eine dicke, süße Sojasauce, die als Gewürz verwendet wird.

KNOBLAUCH *(Kra-Tiam)* Thai-Knoblauch hat kleine Zehen und wird meist mit der Messerklinge zerdrückt, nicht mit der Knoblauchpresse. Mit frittiertem Knoblauch und Knoblauchöl garniert man gern die Speisen. Frittierter Knoblauch ist im Glas erhältlich.

KNOBLAUCH, EINGELEGTER *(Kra-Tiam Dong)* Er schmeckt süßsauer und wird als Würzbeilage gegessen. Die ganzen Knollen können so, wie sie sind, verwendet werden. In Asia-Läden erhältlich.

KOKOSMILCH, DICK *(Hua Ka-Thi)* Frisch geriebene Kokosnuss in kochendem Wasser ziehen lassen, daraus eine dicke, süße, nach Kokos schmeckende Flüssigkeit pressen. Sie ist auch in Dosen erhältlich. Ein Rezept findet sich auf Seite 279. Dicke Kokosmilch wird manchmal für Currypaste »getrennt«. Dazu wird sie eingekocht, bis das Wasser verdampft und der Rest sich in Öl und Feststoffe trennt.

KOKOSMILCH, DÜNN *(Haang Ka-Thi)* Eine dünnere Variante der Kokosmilch, die wie oben beschrieben hergestellt wird, allerdings mit mehr Wasser und in der zweiten Pressung. Sie ist in Dosen erhältlich, ein Rezept findet sich auf Seite 279.

KOKOSNUSS *(Maphrao)* Die Frucht der Kokospalme. Die innere Nuss sitzt in einer Hülse, die erst entfernt werden muss. Dann die Flüssigkeit ablaufen lassen und die Schale aufbrechen, um das weiße Fleisch herauszulösen (Seite 279). Bei jungen Nüssen ist es geleeartig, bei älteren härter. Mittelharte Kokosnüsse, die ideal für Desserts sind, werden in Thailand als Reibe-Kokosnüsse verkauft.

KOKOSZUCKER *(Naamtaan Maphrao)* Er wird aus dem Saft der Kokospalme gewonnen, ist dunkelbraun und wird meist für Süßspeisen verwendet. Als Ersatz eignet sich Palmzucker oder unraffinierter brauner Zucker.

KORIANDER *(Phak Chii)* Frische Korianderblätter eignen sich als Würzzutat und zum Garnieren. Die Wurzeln *(Raak Phak Chii)* werden gehackt und gemahlen für Currypasten und Saucen. Vorzugsweise Bünde mit frischen grünen Blättern kaufen.

KORIANDERSAMEN *(Met Phak Chii)* Die runden Samen haben ein würziges Aroma und werden für Currypasten, vor allem nach indischer Art, verwendet. Um den Geschmack zu steigern, vor dem Zerstoßen trocken anrösten. Die Körner sollten für jedes Gericht frisch gemahlen werden. Ganz und gemahlen im Handel.

KRACHAI Ein Rhizom mit dünnen Fingern, die wie ein Schlüsselbund herabhängen. Schmeckt pfeffrig. In Asia-Läden in Dosen oder Gläsern erhältlich.

KREUZKÜMMELSAMEN *(Met Yiiraa)* Die länglichen Samen dieser Pflanze schmecken pfeffrig und leicht bitter. Sie werden für manche Currypasten verwendet. Um den Geschmack zu steigern vor dem Zerstoßen trocken anrösten. Sie sind ganz und gemahlen im Handel.

KURKUMA *(Kha-Min)* Ein Rhizom wie Ingwer oder Galgant. In Thailand gibt es gelben und weißen Kurkuma. Die gelbe Form wird oft auch als rot bezeichnet und frisch für Currypasten verwendet. Getrocknet dient sie als gelber Farbstoff für Currys, vor allem den nordthailändischen Khao Sawy. Die weiße Form wird roh als Gemüsebeilage zu Naam Phrik gegessen.

LIMONEN *(Ma-Nao)* Limonen und Limonensaft werden in der Thai-Küche häufig verwendet. Zitronensaft ist kein idealer Ersatz, kann aber zur Not verwendet werden. Limonen werden häufiger in Scheiben als in Spalten geschnitten.

LITSCHIS *(Linchii)* Kleine runde Früchte mit roter, lederiger Schale und durchscheinendem weißen Fruchtfleisch um einen braunen Stein. Sie sind sehr aromatisch. Als Dessert werden sie in Sirup eingelegt.

MAIS *(Khao Phoht)* wird in Nordthailand häufig angebaut und frisch gegrillt als gesunder Snack gegessen. Maiskölbchen gibt man gern *(Khao Phoht Awn)* in Pfannengerührtes und Currys.

MANGO *(Ma-Muang)* Grüne, unreife Mangos werden in Relishes, Currys, Suppen und Salate oder in Salzlake eingelegt. Reife Mangos isst man aus der Hand oder mit Klebreis als Dessert.

MINZE (SA-RA-NAE) Minze wird für Salate wie Laap verwendet, aber auch als Beilage zu Salaten und Reisnudelsuppen.

MUNGOBOHNEN *(Thua Leuang)* Ganze Bohnen werden püriert oder gemahlen für Desserts. Glasnudeln werden aus Mungobohnen hergestellt.

MUNGOBOHNENSPROSSEN *(Thua Ngawk)* werden für Pfannengerührtes, Suppen und Salate gebraucht.

NELKEN *(Kaan Pluu)* Die getrockneten geschlossenen Blütenknospen des Nelkenbaums sind braun und nagelförmig. Sie haben einen stechenden Geschmack, daher – ganz oder gemahlen – sparsam verwenden.

NUDELN

Reisnudeln *(Kuaytiaw)* werden aus Reismehl und Wasser hergestellt, blattweise gedämpft und dann in Streifen geschnitten. Breite oder *Sen-Yai*-Nudeln sind etwa 2,5 cm breit, schmale *(Sen Lek)* 5 mm, Liniennudeln nur 1–2 mm. Reisnudeln werden frisch und getrocknet verkauft. Die verschiedenen Breiten sind austauschbar.

Weizennudeln *(Ba-Mii)* werden vielfach mit Ei hergestellt.

Nudeln aus Mungobohnenstärke *(Wu Sen),* auch Glasnudeln, sind sehr dünn, weiß und durchscheinend. Sie sind viel fester als Reisnudeln.

PALMZUCKER *(Naamtaan Piip)* Zu seiner Herstellung wird der Saft der Zuckerpalme zu einer körnigen Paste eingekocht. Er wird in festen Kuchen von verschiedener Größe verkauft, eine etwas weichere Variante auch in Fässern. Malayischer und indionesischer Palmzucker ist dunkler und schmeckt kräftiger. Als Ersatz eignet sich unraffinierter brauner Zucker.

PANDANUSBLÄTTER *(Bai Toey)* Lange grüne, klingenförmige Blätter zum Würzen von Desserts und Süßspeisen und als Verpackung für Snacks. Die Essenz ist in Fläschchen oder die Blätter tiefgekühlt sind in Asia-Läden erhältlich.

PFEFFERKÖRNER *(Phrik Thai)* Grüne Pfefferkörner braucht man frisch für Currys. Mit getrockneten weißen Pfefferkörnern werden manche Gerichte gewürzt und garniert, schwarze sind dagegen selten.

PILZE *(Het)*

Strohpilze *(Het Faang)* gibt es außerhalb Asiens nur in Dosen. Bei Bedarf durch Austernpilze ersetzen.

Shiitake *(Het Hawm)* Er ist frisch und getrocknet erhältlich, von knorpeliger Struktur. Getrocknete Pilze vor Gebrauch in kochendem Wasser einweichen. Sie werden für Suppen und Pfannengerührtem auf chinesische Art verwendet.

RAMBUTAN *(Ngaw)* Eine kleine, runde Frucht mit roter Schale und weichen roten Härchen. Sie schmeckt am besten, wenn die Farbe besonders leuchtend ist.

REIS *(Khao)* Jasmin-(Langkorn-)Reis und Klebreis sind die beiden wichtigsten Sorten in Thailand. Es gibt weißen und schwarzen Klebreis, wobei der schwarze eher violett ist. Der meiste Reis wird vor Ort angebaut und fast immer weiß und poliert verzehrt. Jasminreis wird gedämpft, gekocht oder ganz traditionell im Tontopf gegart. Klebreis wird eingeweicht und gedämpft, entweder im Dampftopf oder in Bambusröhren.

REISMEHL *(Paeng Khao)* wird aus weißem und schwarzem Reis hergestellt und für Desserts verwendet.

SAGO *(Saku)*
Kleine getrocknete Kugeln aus dem Saft der Sagopalme, werden für Desserts und herzhafte Gerichte verwendet. Gekocht ist Sago transparent, weich und seidig.

SCHALOTTEN *(Hawn)* Kleine, rotbraune asiatische Schalotten. Als Ersatz eignen sich europäische Schalotten.

SPARGELBOHNEN *(Thua Fak Yao)* werden in Rollen oder Bündeln verkauft und frisch oder gekocht gegessen. Als Ersatz eignen sich grüne Bohnen.

SOJAQUARK siehe Tofu.

SOJASAUCE *(Sii-Yu)* In der Thai-Küche wird sowohl helle *(Sii-Yu Khao)* als auch dunkle Sojasauce *(Sii-Yu Dam)* gebraucht. Die dunkle ist süßer als die chinesische Sojasauce.

TAMARINDE *(Ma-Khaam)* eine faserige Schote mit Samen. Das Fruchtfleisch dient als saures Gewürz. Gibt es als getrockneten Kuchen oder als Mus. Tamarindenkuchen muss in heißem Wasser eingeweicht und ausgedrückt werden, um das Mark von den Fasern zu lösen. Das Mark wird als Mus oder Konzentrat verkauft und in manchen Rezepten auch als Tamarindenwasser bezeichnet. Frisches Tamarindenwasser schmeckt kräftig.

TAPIOKAMEHL
Ein Mehl aus gemahlener, getrockneter Kassavenwurzel, für Desserts, Klöße und zum Andicken. Gibt es in Asia-Läden.

TOFU *(Tao-Huu)* Auch Sojaquark genannt. Er kann fest oder weich (Seidentofu) sein.

WON-TAN-BLÄTTER Die Teigblätter finden sich im Kühl- oder Tiefkühlregal von Asia-Läden. Manche enthalten Ei und sind daher gelb, andere weiß. Als Ersatz können auch Gow-Gee- oder Gyoza-Hüllen verwendet werden.

WASSERSPINAT *(Phak Bung)* Das grüne Blattgemüse hat hohle Stängel.

WURST, SAURE
Thai-Würste können fertig gekauft, aber auch selbst hergestellt werden (siehe Seite 42). Manchmal sind sie in Bananenblätter verpackt oder zusammengebunden. Als Ersatz eignet sich chinesische Wurst.

ZITRONENGRAS *(Ta-Khrai)* Eine häufig genutzte Zutat in der Thai-Küche. Die faserigen Halme des nach Zitrone duftenden Grases werden fein gehackt und in Scheiben oder Stücke geschnitten. Die äußeren Schichten müssen bis zu eine weicheren, violetten Schicht entfernt werden.

Register

DANK

Der Verlag dankt folgenden Personen und Organisationen für ihre Hilfe bei der Veröffentlichung dieses Buches:

The Dusit Group: Werachej Lelanuja, Jekkris Supeerajit, Holger Jakobs, Andrew Swatdipakdi, Saravuth Manuthasna, Victor Sukseree, Chanok Chaisiri, Ingo Räuber, Peter Held; Randall Marketing: Angela Blair; World Travel Services: Jack Painchokdee, Praphan Jandeng; Thailand Toursit Board Australia: Leanne Ward; Valcom: Frau Huai Hui Lee, Frau Chritravee Suwanag, Herrn Vitsnu Pongsmai; Tang Sang Hah Co. Ltd.: Worachet Pongpairoj, Jarin Pongpairoj, Patiphan Pongpairoj, Kobkiat Pongpairoj, Marosak, V. (QC), Ekaphol Chueroongrueng; Chiang Mai Thai Cookery School: Sompon und Elizabeth. Nabnian, Pom und der ganzen Belegschaft; Chia Meng Co. Ltd.: Herrn Tavo Manathanya, Frau Prapit Manathanya, Frau Mayura Manathanya, Herrn Somsak Kamjornkitbaworn, Frau Walaporn Phuhiran; Werk Mei Kim Lui, Phetchaburi; Oriental Merchant: Hanna Yiu.

Titel der Originalausgabe: *The Food of Thailand*
ISBN 1-74045-473-1

Rezepte: Oi Cheepchaiissara
Zusätzliche Rezepte: Ross Dobson
Design und Art Director: Marylouise Brammer
Designerin: Susanne Geppert
Leitung Lektorat: Wendy Hill
Lektorat: Lulu Grimes, Wendy Stephen
Fotos: Alan Benson, Jan Hofstetter
Foodstyling: Mary Harris, Katy Holder, Wendy Quisumbing
Karte: Berit Kruger-Johnsen
Publisher: Kay Scarlett
Chief Executive: Juliet Rogers

© 2007 für die deutsche Ausgabe: Tandem Verlag GmbH
h.f.ullmann ist ein Imprint der Tandem Verlag GmbH

Übersetzung aus dem Englischen: Susanne Bonn, Lindenfels, für Verlagsservice Monika Rohde, Leipzig
Lektorat und Satz: Verlagsservice Monika Rohde, Leipzig

Printed in China

ISBN 978-3-8331-3709-9

10 9 8 7 6 5 4 3 2 1
X IX VIII VII VI V IV III II I